因果律の推察と臨在感の呪縛

: "もうひとつの" 因果律の正体

中井 孝章著

日本教育研究センター

目次（CONTENTS）

Ⅰ．因果律と理由律のタイポロジー……………………………………1

  1．素朴理論としての因果律…………………………………………1
  2．物的因果律と心的因果律…………………………………………3
      ──思考のフレームワークと理由律を中心に
  （1）物的因果律の展開──真近の因果律と遠隔の因果律
     ①物的因果律1（真近の因果律）
     ②物的因果律2（遠隔の因果律＝「原因＋諸要素＝理由／帰結」
       ＝理由律の要請）
  （2）心的因果律の展開──心の理由律と思考のフレームワーク
     ③心的因果律1（物的因果律に近い日常の事象）
     ④心的因果律2（心理的な事象）
     ⑤心的因果律3（心理的で抽象的な事象）
     ⑥心的因果律4（情動的な事象）
  3．思考とコミュニケーションから捉えた因果律の査定…………14
  4．"もうひとつの"因果律……………………………………………16
      ──非合理的なものによる世界の縮減

Ⅱ．因果律の推察と臨在感・臨在的把握の呪縛 ……………………19
    ──山本七平の『空気の研究』を中心に

  1．臨在感と臨在的把握──人骨とカドミウム金属棒 …………19
  2．臨在感と臨在的把握のメリット ………………………………24
  3．ポジティヴな臨在感と臨在的把握──神社と期待感 ………26
  4．神社の神体に対する嘲笑──近代合理主義の陥穽 …………28

Ⅲ．フェティシズム（物神崇拝）とニセの因果律……………33

　1．因果律の推察の正体……………………………………33
　2．物神崇拝（フェティシズム）とは何か………………35
　（1）原始宗教の系譜
　（2）原始宗教としてのフェティシズム
　（3）子どもの虫遊びに見る原初的フェティシズム

Ⅳ．日常世界に横溢する言霊 ……………………………………47
　　　──精神病理学的アプローチ

　1．日本人の言霊思想………………………………………47
　2．言語における論理と呪術──外延と内包の記号論……49
　3．言霊の神話作用…………………………………………54

結　語 …………………………………………………………………59

補遺　仮説的推論と徴候の記号論……………………………………63

　　　註　釈………………79
　　　文　献………………83
　　　あとがき ……………89

Ⅰ．因果律と理由律のタイポロジー

1．素朴理論としての因果律

　これまで筆者は，著書を通して因果律（因果関係）とは何かについて論述するとともに，因果律を分類した［中井，2017a／2017b／2019］。ところが，どのタイプの因果律にも当てはまらない因果律があることが判明した。それを「"もうひとつの"因果律」と呼ぶことにする。それは後述するように，呪術的な因果律とでも命名すべきものである。そこで本書では，"もうひとつの"因果律の特徴を明確化するために，それ以外の，さまざまな因果律を総括した上で，この"もうひとつの因果律"について解明することにしたい。

　ところで，私たちは日常，因果律（因果関係）を用いて思考している。普段はほとんど意識しないにせよ，私たちが因果律を用いるのは，自分自身が不全の状況，もしくは不確定な状況，すなわち先行きの見えない状況に置かれた場合である。

　たとえば私たちは，不全の状況，もしくは不確定な状況に置かれるとき，具体的には「なぜ（どうして），テレビのスイッチがつかないのか」，「なぜ，自動車が動かないのか」，「なぜ，自分は友だちができないのか」，「なぜ，自分は何をやってもうまくいかないのか」等々というように，「なぜ（どうして）〜

なのか」という問いを発して，これらの「なぜ（どうして）」に対する説明として，「〜だから……となる（なった）」，「〜だから……である（あった）」，「〜だから……を起こす（起こした）」というように，因果律を制作するのである。

このように，私たちは「なぜ（どうして）〜なのか」という問いに対する説明として「〜だから……となる」という因果律を制作するわけであるが，こうした因果律，および因果推論が正しいとは限らない。その意味で，因果律，および因果推論は，素朴理論，もしくは素朴心理学[1]であると考えられる。つまり，ここでいう因果律は，素朴理論や素朴心理学よろしく，必ずしも「正しい」ものとはいえないが，私たちが日常，思考する上で役に立つ認知的道具なのである。

繰り返し述べると，因果律（因果関係）は素朴理論として存在するにもかかわらず，科学的レベルでの厳密な意味では，存在しない。総じて，因果律は存在しないのだ。

いま，因果律は素朴理論（素朴心理学）としては有用であるが，正しいとは限らない，と述べて，その存在を肯定した。とはいえ，因果律は懐疑の対象であることに変わりはない。

ところで，因果律の歴史を紐解くとき，まず挙げなければならないのは，D. ヒュームである。ヒュームは，原因と結果を安直に結び付けて因果律を制作することが誤りであることに加えて，因果律が感覚器官による経験を通して観察されたことがないことからその存在自体を懐疑した。ヒュームによると，因果律の特徴は，次の4つに整理することができる。これら4つは，ヒュームが因果律の存在自体を懐疑しながらも，素朴理論（素朴心理学）として使用される因果律を哲学的に捉えたものである（いわゆる，因果律についての省察）。ただ，これら4つの特徴が明らかになったとはいえ，因果律そのものは真の意味で存在するとは限らない。

① 「A」と「B」が空間的に近接していること（「接近」と呼ぶ）
② 「A」が「B」に対して時間的に先行していること（「継起」と呼ぶ）
③ A'とB'という2つの印象の繰り返しによって，類似したことを未来において経験する（「恒常的連結」と呼ぶ）
④ 「A」と「B」のあいだには両者を結びつける何かがあること（「必然的結合」と呼ぶ）

2．物的因果律と心的因果律
――思考のフレームワークと理由律を中心に

　前述したように，ヒュームは因果律の存在自体を懐疑したが，高山　守はそれをよりラディカルに捉え直した。それは，因果律超克論である。このネーミングからわかるように，高山は因果律そのものを明確に否定した。そして彼は因果律に代わるものとして「理由律」を要請したのである（これについては後述する）。

　高山は，科学的レベルにおいて因果律が存在しないことを前提としながらも，一般の慣用にしたがって，自然科学分野（特に，物理的世界）における物的因果律を2つに分類した。その2つとは，「真近の因果律」と「遠隔の因果律」である。これら2つの因果律のうち，主要なもの（ベースとなるもの）が真近の因果律であるのに対して，遠隔の因果律は副次的（二次的）なものとなる（遠隔の因果律は近接の因果律から派生したものだといえる）。高山は物的因果律を中心に因果律，および理由律を分析・考察しているが，後述するように，心的因果律，すなわち心理的世界における因果律，および理由律についても瞠目すべき知見を見出している。

　では次に，高山の因果律超克論を手がかりに，因果律，および理由律の分類

を行うことにしたい。具体的には、因果律は物的因果律と心的因果律の2つに大きく分けられる（ただし、両者の中間態が存在する）。

(1) 物的因果律の展開——真近の因果律と遠隔の因果律

物的因果律は、その内容の違いによって2つに分けられる。すなわちそれは、前述したように、真近の因果律と遠隔の因果律である。

①物的因果律1（真近の因果律）

真近の因果律に言及するにあたって、まず典型的な事例を挙げることにする。その事例とは、「なぜ、コップが割れたのか」に対する「コップが落下したから割れた」というものである。つまりそれは、「なぜ、コップが割れたのか」という原因追求に対する、「コップが落下したから割れた」という結果、すなわち説明的再構成・再現になっている。この説明的再構成・再現は、「AだからBとなる」という因果推論の形式で示される。しかもこの場合、「結果必然性」と「原因必然性」は同時に成立する。

以上のことから、この事例に典型される真近の因果律は、十全のそれであるように見える。ところが、厳密に分析・考察すると、真近の因果律は、自然科学の法則を任意の2点で切り取り、「原因－結果」の形式で言語化し、因果律を制作したものであることがわかる。もっというと、「コップが落下したから割れた」は、万有引力の法則、すなわち「すべての物体は互いに引き合う。その力の大きさは引き合う物体の質量の積に比例し、距離の2乗に反比例する。」という法則を私たちが恣意の2点、すなわち「地上における質点＝物質＝コップ」と「地球＝質点＝物体」で切り取り、「コップと地球が互いに引き合った結果」、「コップが（地球の方へ引き寄せられ）落下して割れた」と、「原因－結果」の形式で言語化し、因果律を制作したものなのである。本来は、万有引

力の法則として一つのものにすぎないが，その法則を私たちがある時点で，またはある機会で「原因」と「結果」という2つに恣意的に分節化し，制作するものこそ，因果律の正体なのだ。

②物的因果律2（遠隔の因果律＝「原因＋諸要素＝理由／帰結」＝理由律の要請）

前述した事例，「なぜ，コップが割れたのか」に対する「コップが落下したから割れた」というように，「原因－結果」から成る因果律は，真近の因果律の典型であり，きわめてシンプルなものであった。これに対して，次に示す，遠隔の因果律，およびその事例はやや複雑である。

遠隔の因果律を示す事例として，「なぜ，（あの）家屋は燃焼したのか」に対する「電気回路がショートしたから燃焼した」を挙げることができる。従来，この類いの事例は，「正しくない」因果律によって説明されてきた。つまり，従来の「正しくない」因果律において，この事例は「電気回路がショートしたから家屋が燃焼した」というように，単純な「原因－結果」の形式で言語化されてきた。ところが，遠隔の因果律の場合，「結果必然性」は成立しても「原因必然性」は成立しない。つまり，「（あの）家屋が燃焼した」原因は，タバコの不始末とか漏電に求めることはできないのだ。

したがって，この事例を「正しい」因果律，すなわち遠隔の因果律で表すと，「電気回路のショートにより電気回路に大量の電流が流れて発熱したから（あの）家屋は燃焼した」となる。つまりこの事例は，遠隔の因果律をもって表すと，「電気回路のショートが原因で火の手があがることによりその火が時間の経過とともに，紙，カーテン……へと次々と……に燃え移り，家屋は燃焼した」と表すことができる。この場合，「原因（電気のショートおよび発熱）＋諸要素（十分な酸素，多くの燃焼物等々）／帰結（家屋の燃焼）」，すなわち「原因

＋諸要素／帰結」が成立するのだ。高山は，この場合の「原因＋諸要素」を一括して「理由」と名づける。したがって，遠隔の因果律においては，「原因＋諸要素＝理由／帰結」，端的に「理由／帰結」というように，「理由律」が成り立つ。正確には，因果律に代わって「理由律」が要請されることになる。

　ところで，高山が提示する，「原因＋諸要素＝理由／帰結」から成る遠隔の因果律は，仏教の因果律（因果の法則），宿命・運命論と通底している。仏教からすると，この世には，因縁生起（縁起）という仏教独特の因果律があって，それは，「原因」があれば必ず「結果」というものがある，しかも，一つの「結果」は，一つの「原因」から起きたものではなく，目に見えない小さな「原因」を含む多種多様な無数の要因（＝間接的原因［条件］＝「縁」）が，網の目のように絡み合って生じたものである。つまり仏教では，万物は，「因」（「原因」）と「縁」（「縁起」）が結びついて生じたもの，因縁生起（縁起）なのである。このように，すべてのモノやコトは，「原因」，および間接的「原因」（縁）と「結果」が結びついて起こるものであるから，「結果」をなくすためには，「原因」，もしくは間接的な「原因」の何かを取り除けば良いことになる。また，仏教的な宿命論（決定論）では，「原因」さえあれば，無条件に「結果」が生じる（この場合，縁は関与しない）とするものや，自分が過去に行った業を「原因」とし，それにさまざまな縁が重なり合って運命となるから運命を受け入れるとするものがある。

　このように見ると，因果律の中の因果律ともいうべき，遠隔の因果律を定式化した，「原因＋諸要素＝理由／帰結」と，仏教の因果律論を定式化した，「原因＋縁／結果」は，類似した思考・推論形式を採っていることがわかる。

　話を元に戻すと，家屋の燃焼をはじめ，交通事故，公害問題，医療事故，殺傷事件等々，複雑な事象が生起する場合，物的因果律は，「原因＋諸要素／帰結」から成る遠隔の因果律，さらには「理由／帰結」から成る理由律が要請さ

れることになる。裏を返せば，私たちから見て因果律が最も有用に感じられるのは，家屋の燃焼のように，複雑な事象（できごと）［＝不全の状況］が起こって，その原因を追求する場合である。私たちは，因果律が存在しないことが真実だからといって，「原因」という言葉を放棄したりそれを「理由」という言葉に置き換えることを躊躇したりするのは，以上述べたことに基づく。なお，言葉の上での，「原因」と「理由」は異なる[2]。

（2）心的因果律の展開 ——心の理由律と思考のフレームワーク

以上述べた，物的因果律1と物的因果律2は，純粋な物的因果律である。そして，物的因果律と心的因果律の中間に，自然科学をモデルに構築された精神分析の因果律（S.フロイトの過去決定論）があるが，この場合，因果律の制作法は正しいとはいえない。なお，フロイトをはじめとする精神分析の因果律，およびその考え方について，筆者はこれまで何度も批判してきたことから——しかも，本書の目的とは直接かかわりがないこともあって——，本書では省略することにしたい。

③心的因果律1 （物的因果律に近い日常の事象）

物的因果律と心的因果律の中間に位置づけられる因果律として，たとえば，「なぜ，部屋の電気を付けたのか」に対する「部屋が暗いから（電気を付けた）」という因果律や，「なぜ，道で手を上に上げたのか」に対する「タクシーを止めるために手を上に上げた」という因果律等々が挙げられる。こうした事例には，「電気を付ける」とか「手を上に上げる」という具合に，行動主体の意思・意図らしきもの，すなわち素朴な心や思いが感じられる。だからこそ，これらの事例は心的因果律に分類されるのだ。

ところで，「なぜ，部屋の電気を付けたのか」という問いに対して，「部屋が

暗いから電気を付けた」という説明をするのは正しいとはいえない。このような一般の因果律は，会話やコミュニケーションの上では意味があっても，内容がきわめて不明確であることから正しくないのである。つまりこうした因果律は，思考上，正しくないと考えられる。

これに対して，「正しい」因果律からすると，その説明は「部屋を明るくしたいから電気を付けた」となる。ここで，「正しい因果律／正しくない因果律」を明確に区別する基準が不可欠となる。そのためには，一般の因果律に取って代わる「思考のフレームワーク」が必要になる。

こうした思考のフレームワークは，行動分析学（正確には，応用行動分析学）のＡＢＣ分析に手がかりを求められる。この場合のＡＢＣ分析は，いわゆる行動科学としてのそれではなく，その都度一回限りで用いる，文字通りの思考のフレームワークとしてのＡＢＣ分析である。それは，〈現状はＡであるが（Ａのとき），行動Ｂによって（Ｂをしたら）現状Ａを結果Ｃへと変化させる（Ｃとなる）。〉，となる。それはまた，「Ｂ：Ａ→Ｃ　∴Ｂ」と定式化することができる。この推論形式は，特定の行動（Ｂ）が，Ａの状況からＣの状況へと「変化」させるということを端的に示している。

裏を返せば，特定の行動（Ｂ）によってＡの状況からＣの状況（少なくとも，Ａ以外の別の状況）へと変化しないとすれば，その行動（Ｂ）は意味がないことになる。

ところで，「正しくない」一般の因果律，すなわち「～だから……となる（なった）」を記号式で示すと，「Ａ→Ｂ」となり，思考のフレームワークとしてのＡＢＣ分析が，Ｂ：Ａ→Ｃ（Ｂ→［Ａ→Ｃ］）となることから，両者を比べると，「Ａ→Ｃ」といった重要な「変化」が欠落していることが明らかになる。裏を返すと，一般の因果律，「Ａ→Ｂ」は，「Ｂ→［Ａ→Ｃ］」＆「Ａ→Ｂ」から変化を示す「Ｂ→［Ａ→Ｃ］」が抜け落ちた不完全態なのである。

I．因果律と理由律のタイポロジー

　以上のことから，前述した事例，「なぜ，部屋の電気を付けたのか」に対する説明は，「部屋が暗い状況から明るい状況へと変化させるために，電気を付けた」ということになる。つまり，行動主体は「部屋を明るくしたい」からこそ，「電気を付けた」のである。ここには，行動主体の心や思いが「電気を付けた」のだという事実が語られている。ただ，「部屋が暗いから電気を付けた」と「部屋を明るくしたいから電気を付けた」はあくまで表現上の違いであって，内容的には大差がないといった反論があるかも知れない。しかしながら，こうした反論は誤っている。というのも，コミュニケーションの上で何となく意味が通じることと，思考の上で正確に意味を紡ぎ出すこととは，まったく異なる行為だからである。

　このように，私たちは思考のフレームワークとしてのＡＢＣ分析を用いることによって「正しい」因果律を制作することができる。繰り返し強調すると，一般の因果律，「～だから……となる」は，コミュニケーションの上で有効であっても，思考の上では明らかに正しくない（間違っている）。

　実は高山は，「Ｂ：Ａ→Ｃ　∴Ｂ」と定式化した思考のフレームワークとまったく同一の正しい世界了解としての推論形式を提示している。それは，前述した遠隔の因果律，すなわち「原因＋諸要素＝理由／帰結」である。それは「理由／帰結」として定式化することができる理由律であった。この理由律を心的現象（心理的世界）において展開するとき，それは，「引き起こす思い／行動の結果（帰結）」と表すことができる。注意すべきなのは，この場合の「引き起こす思い」と「行動の結果（帰結）」において，前者が「過去（原因）」，後者が「現在（結果）」とはなり得ないということである。両者は，「同時の切り取り」となる。両者は，別々のことではなくて，同時的に成立するのだ。つまり，心的因果律ともいうべき「引き起こす思い／行動の結果（帰結）」は，行動の完了をもって同時に語られるものなのである。「引き起こす思い」が先に

あって，その思いが「行動をもたらす」わけでは決してない。「引き起こす思い」が「行動の結果」として完了したときに初めて，「引き起こす思い」は成り立つのだ。心的因果律（実質上は，心的理由律）において，「過去」，「現在」，「未来」といった直線的で不可逆的な時間（物理的な時間）は成立せず，常に〈今〉（いま・ここ）がリアルに成り立つのみである。

裏を返せば，「行動の結果」をともなわない「思い」は，「引き起こす思い」ではなく，「単なる思い」にすぎないのである。したがって，心的因果律，すなわち心の理由律において，行動の結果（帰結）をともなわない，「単なる思い」と「引き起こす思い」を明確に区別しなければならない。

以上述べたように，行動主体から見て，「B：A→C ∴B」というように，「A→C」という「変化」をともなう行動（B）をコアとする思考のフレームワークと，「引き起こす思い／行動の結果（帰結）」を同時的に成立させる心の理由律はともに，正しい世界了解であり，正しい推論形式である。世界了解は，思考のフレームワークとしてのＡＢＣ分析と心の理由律によって十全のものとなる。

ただ，行動主体から見ると，明らかに心の理由律を制作することは困難である。したがって，私たちは制作するのが容易である思考のフレームワークとしてのＡＢＣ分析をまず用いることによって心的因果律を制作し，その上でそれを手がかりに，心の理由律を制作して行けば良いと考えられる。「理由／帰結」が同時的に切り取られる心の理由律は，当事者さえ制作することが困難であることから，理由律と同一の内容を有する二重因果律，すなわち思考のフレームワークとしてのＡＢＣ分析［B：A→C ∴B］，正確には，「B→［A→C］」&「A→B」によって代替することができる。

理由律の主役は，「引き起こす思い」，およびその思いが実現・完了した帰結である。そして，理由律と同等のＡＢＣ分析は，行動を起こすことにともなう，

状況の「変化」によって表される。この場合も，それは，〈今〉（ここ・いま）の行動（B）を基準にした状況の「変化（A→C）」として表される。

④心的因果律２（心理的な事象）

あらかじめ述べると，このタイプの心的因果律については，③心的因果律１（物的因果律に近い日常の事象）と論述が重複するので，簡潔に述べることにする。

たとえば，「なぜ，不登校になったのか」という原因追求に対して，「親にかまってもらいたいから不登校になった」という結果から成る事例，あるいは，「なぜ，自殺したのか」という原因追求に対し，「加害者（私をいじめた者）に仕返しをしたいから自殺した」という結果から成る事例がある。これらの事例はいずれも，「引き起こす思い／帰結（行動の結果）」から成る理由律から捉えると，「帰結」が各々「不登校になった」，「自殺した」となり，「引き起こす思い」が行動として完了されている。

⑤心的因果律３（心理的で抽象的な事象）

５つ目の因果律として，⑤心的因果律（心理的で抽象な事象）が考えられる。その事例としては，「なぜ，対人関係がうまく行かないのか」に対する「性格が暗いから対人関係がうまく行かない」，あるいは「自信がないから対人関係がうまく行かない」等々を挙げることができる。つまり，「なぜ，対人関係がうまく行かないのか」という原因追求に対して，「性格が暗いから対人関係がうまく行かない」とか「自信がないから対人関係がうまく行かない」といった結果から成り立ち，一見，因果が成り立つように見える。ところが，これは，「正しくない」因果律の典型である。つまりこの場合，「対人関係がうまく行かない」という「結果」に対して，「性格が悪い」という心（「情」）の言葉が

「原因」とされている。これは，日本語としては成り立つように見えても，実質的には，間違った因果律である。というのも，「性格が悪い」という「原因」には，抽象的かつ曖昧であるがゆえに，他のあらゆる言葉（心の言葉），たとえば「知識がないから（＝「知」の言葉）」とか「我慢できないから（＝「意」の言葉）」等々に置き換えることができるからである。そもそも，こうした抽象的な疑問・問いに対しては，千差万別の説明が成り立つのだ。その点では，より抽象度の高い疑問・問い，「なぜ，行きづらいのか」というような人生論的な疑問・問いに対しても同じく，因果律は成り立たない。これに対してはどのような説明も成り立つのである。

以上のように，心的できごと，特に心の問題において制作される，「やる気がないから宿題をしない」は，「やる気がない＝意志の欠如＝知・情・意という心の言葉の欠如態」を原因，「宿題をしない」を結果，とする因果推論であるが，これらは因果律そのものが存在するといった誤りに誤りを重ねたものである（ダブルミスの典型）。心の言葉をネガティヴ使用したこれらの命題は，根本的に誤っている。

さらに，心的できごと，特に心の問題において制作される「自尊心が低いから勉強ができない」という事例は，因果律の原因として仮説的構成概念である「自尊心」を挿入しているという点で根本的に誤っている（それは，前述したように，心の言葉を用いて因果律を制作することに加えて，仮説的構成概念を用いて因果律を制作するといったトリプルミスの典型である）。仮説的構成概念を使用したこれらの命題は，素朴理論（素朴心理学）としての因果律としても正しいとはいえない。

心の言葉や仮説的構成概念を用いて制作する因果律は，ニセの因果律の典型である。これらには，理由律でいうところの「引き起こす思い」も，ＡＢＣ分析でいうところの状況の「変化」も，見られない。もし，因果律を制作するこ

とができるとしたら，それは，物的因果律を装った心的因果律，すなわち心的因果律を物的因果律（自然現象）として説明するやり方のみであろう。ただ，こうした因果律の制作は，「原因」，および「結果」の十全な説明的再構成・再現とはなり得ないはずである。したがって，5つ目の因果律（心的因果律）は，一般の因果律から除外するのが妥当である。

⑥心的因果律4（情動的な事象）

ここまで「心」にかかわる因果律について述べてきたが，実は，この「心」というのは，いわゆる主体にとって反省の対象となり得るものであって，原初的な感情としての情動は除外されていた。主体にとって情動は，瞬間的かつ衝動的に起こる原初的な感情というべきもので，あまりにも速く生じることから反省することが困難である。ただ，情動は，主体から見て自己自身の内面を「変化」させる手段となる場合が少なくない。したがって，心的因果律の分類からすると，前述した「心」と「情動」を明確に区別すべきではないかと考えられる（「情動≠心」）。その根拠は，情動が低次脳の働きに基づくのに対して，情動以外の心は高次脳の働きに基づくことにある。

情動にかかわる因果律の事例としてたとえば，「なぜ，友人を殴ったのか」に対する「（私は）腹が立ったから殴った」が挙げられる。一見，「（私は）腹が立ったから殴った」という因果推論は，前述したように，形式上「腹が立った」という心の言葉を用いていることから，因果律制作のタブーを侵し，間違っているように見える。もし，これが「心」にかかわる因果律であるならば，まったくその通りであろう。ところが，それは，「心」ではなく，「心」以外の「情動」にかかわる因果律なのである。したがって，「（私は）腹が立っていたが，友人を殴ったらすっきりした［＝腹が立つのが減じた・和らいだ］。だから殴った。」となる。

こうした推論形式が，自己が自己自身の感情を「変化」させるにあたって，何らかのアクションを起こすという具合に捉えると，自己自身の何らかの「変化」に直結する情動は，それ以外の「心」とは異なることがわかる。

　こうした事例以外にも，たとえば，「なぜ，知人が死んだら泣くのか」に対する「悲しいから泣いた」が挙げられる。この場合も因果推論の形式上，誤っているように見えるが，「知人が死んで悲しいが，泣くとすっきりした［悲しみが減じた・和らいだ］。だから泣いた。」となり，正しい因果律だといえる。

　以上述べたように，「心」以外の「情動」にかかわる因果律の場合，前述した「心」の因果律における心の言葉や仮説的構成概念の使用禁止は，例外的に該当しないのである。思考のフレームワークとしてのＡＢＣ分析に準じて，情動の因果律は，特定の行動，すなわち情動の表出が，自己の以前の状況（状態）を新たな状況（状態）へと「変化」させることから有意味なものとなるのである。

３．思考とコミュニケーションから捉えた因果律の査定

　以上，物的因果律と心的因果律を通して正しい因果律，および理由律の制作について論述してきた。重要なのは，「引き起こす思い／帰結（行動の結果）」と定式化される心の理由律，およびそれに対応する思考のフレームワークとしてのＡＢＣ分析（〈現状はＡであるが（Ａのとき），行動Ｂによって（Ｂをしたら）現状Ａを結果Ｃへと変化させる（Ｃとなる）。〉）は，すべての物的できごと（物理現象），および心的できごと（心理現象）において同一の「正しい」思考形式・パターンとなることが明らかになった。

　さらに，これまで提示してきた因果律，および理由律は，思考とコミュニケーションの２つの観点から次のように分類することができる。

1つ目のタイプは，物的現象と心的現象に共通する理由律である。物的現象としては「原因＋諸要素＝理由／行動の結果（帰結）」，心的現象としては「引き起こす思い／行動の結果（帰結）」，と各々対応する思考や推論は，原則的に，すべて正しい。

2つ目のタイプは，同じく，物的現象と心的現象に共通する因果律，すなわち思考のフレームワークとしてのＡＢＣ分析である。この類いの因果律は，理由律と同様，思考・推論として内容的には妥当なものである。前述したように，思考のフレームワークとしての，〈現状はＡであるが（Ａのとき），行動Ｂによって（Ｂをしたら）現状Ａを結果Ｃへと変化させる（Ｃとなる）。〉は，心の理由律と同一のものとなる。このタイプには，「心」とは区別される「情動」の因果律が含まれる。繰り返し強調すると，情動の因果律と，一般の心的因果律（特に，思考上誤っている，心的因果律３）を明確に区別しなければならない。

3つ目のタイプは，知・情・意を表す心の言葉，正確には心の言葉のネガティヴ使用である，「（太郎は）やる気がないから宿題をしない」等々は，コミュニケーションの効率上，意味があるが，思考上，正しくない（誤っている）因果律である。さらに，「（彼は）自尊心が低いから勉強ができない」は，心の言葉をさらに抽象化した仮説的構成概念のネガティヴ使用によって制作された因果律である。この因果律は，思考上，トリプルミスを犯している。

以上述べた3つのタイプの理由律と因果律は，思考上，正しいか，あるいは，たとえ思考上，正しくなくても，コミュニケーションの効率上，意味がある。ところが，これから述べる4つ目のタイプの因果律は，これら3つのタイプとは異なり，まったく無意味なもの，もっといえば，非合理なものだと考えられる。あらかじめ述べると，これから述べる4つ目のタイプの因果律は，素朴理論としてでさえ成り立たない代物である。それは，後述するように，因果律（因果関係）を推察するものにすぎない。

4．"もうひとつの"因果律——非合理的なものによる世界の縮減

　ところで，4つ目のタイプの因果律は，呪術的なもの，あるいは願いや願望を込めたものである。一般に，呪術は，技術の対義語である。私たち人間がどうすることもできない不全の状況，もしくは不確定な状況に置かれたとき，技術はこうした状況を打開するための手段や道具となる。これに対して，呪術は私たちがそうした状況に直面したとき，自分自身が自らを変えることによってそれを打開することを意味する。卑近な例で述べると，山で熊に出くわしたとき，熊から逃げたり，熊と闘ったりするのではなく，（結末はさておき）死んだふりをして事態の打開を図ることを指す。

　呪術は願いや願望と置き換え可能であるが，どの言葉を使うかはさておき，私たちはどうしようもない不全の状況や，この先どうなるかがまったく予想のつかない不確定な状況において，願いや願望を込めて因果律らしきものを制作するのである。いわゆる，不全の状況や不確定な状況（総じて，先行きの見えない世界）を願いや願望を込めた因果律を制作することによって縮減するのが，この因果律の目的となる。

　具体的にいうと，野球にしろ，サッカーにしろ，毎回，試合がどのようになるかまったくわからない不確定な状況の中で，私たちは贔屓するチームや選手をテレビで応援していると，贔屓チームが勝ったり，贔屓の選手が活躍したりすることをしばしば体験する。特に，テレビの前で一生懸命応援していると，本当に贔屓の選手がチャンスでヒットを打つということも少なくない。

　つまり，私たちはスポーツの試合のように，先がどうなるのかまったく予想できない不確定な状況の中で，とにかく贔屓の選手やチームを応援したり，手を合わせて祈ったりすると，その願いや願望が叶って，贔屓の選手が適時打を打ったり，チームが逆転勝ちをしたりする。何の根拠がないにもかかわらず，

「贔屓選手を応援すると，その選手が適時打を打つ」,「贔屓チームを応援すると，そのチームが勝つ」というのは，過去に「応援した」ことが「原因」となって，現在「活躍する」という「結果」をもたらしたということで，「原因」―「結果」という因果律が制作されることになる。この次も，さらにこの次も，私たちはこうした因果律における前述した特徴，類似した経験を繰り返す「恒常的連結」に基づいて贔屓の選手やチームを応援することになろう。たとえ，その願いが報われず，儚い夢と帰したとしても，である。なお,「原因」―「結果」において「結果」が良い場合，その「結果」は強化されることによって次の行動に対する「原因」となり，好循環を起こすことがある。これは，「結果」が「原因」となって行動を強化・反復されることから，制御工学でいうところのフィードバックに相当すると考えられる。

　繰り返すと，このように，呪術的な行動かつ願いや願望を込めた因果律を制作することは，それを制作した主体にとって何の根拠もない行動だと薄々気づきながらも，自由を享受する行動となっている。呪術的な行為とか願いや願望を込めた行動とは，本来，私たちが自分自身では何もできない無力なときに自分の方が変わるといった，受動の受動（否定の否定）としての能動（肯定）的な行動なのである。だからこそ，この類いの因果律は，制作者にとって自由なものとなり得る。

　もう1つ類似した例を示しておきたい。たとえば，入学試験のように，すでに「結果」が出ている事象について，私たちはどうすることもできないにもかかわらず，神社に参拝してから合格発表を見に行くことがある。一見，こうした行動は無意味であると思われる。ところが，こうした行動をする友人がいた場合，その友人に対して意味がないと諭すであろうか。たとえ，無意味な行動であっても，当人（友人）にとっては，試験に合格する（している）かどうかがまったくわからない不確定な状況の中で，神社に参拝してから合格発表を見

に行く（あるいは最近では，ネットの合格発表を閲覧する）ことは無意味なことではないのだ。この場合，「神社に参拝すること」が「原因」となって「合格する」という「結果」を生み出しているわけである。ただ，こうした因果律を制作することも，私たち人間にとって不確定な状況の中で唯一許される自由な営みなのである。

　このように，経験則に準じたものや呪術的で願いを込めたものをもって制作する因果律もまた，「……だから～となる」（「A→B」）という思考・推論形式のそれとなる。ただその前に，あらためて問いたい。「贔屓チームを応援すると（応援したから），そのチームが勝つ（勝った）」という思考・推論形式の命題は，果たして，これまで述べてきた因果律，または理由律と同等のものだといえるのであろうか。そしてそれは，思考上，もしくはコミュニケーション上，意味のあるものなのであろうか。

Ⅱ．因果律の推察と臨在感・臨在的把握の呪縛
――山本七平の『空気の研究』を中心に

1．臨在感と臨在的把握――人骨とカドミウム金属棒

　Ⅰ章の最後で，筆者がこれまで取り上げてきた因果律や理由律のどのタイプにも該当しない因果律として，たとえば，「贔屓選手を応援すると（応援したら），その選手が適時打を打つ（打った）」とか「神社に参拝してから合格発表を見に行くと（行ったら），合格する（合格した）」といった事例を挙げた。この事例もまた，「贔屓選手を応援したからその選手が適時打を打った」，「神社に参拝したから合格した」というように，「……だから〜となる（なった）」（「A→B」）という思考・推論形式を採っていて，形式上は因果律に値すると考えられる。「贔屓選手を応援したこと」や「神社に参拝したこと」が原因となって各々，「適時打を打った」，「合格した」といった良い結果をもたらしたわけである。

　こうした"もうひとつの"因果律について知る上で，山本七平が著した『空気の研究』は有力な手がかりになる。また，その的確な解説書というよりも，それを独自に進展させた，鈴木博毅の著書，『「超」入門　空気の研究』も貴重な資料となる。では次に，"もうひとつの"因果律にかかわる山本の『空気の研究』の論述箇所を敷衍していくことにしたい（その際，鈴木の解説書も参考

にする)。なお，あらかじめ述べると，筆者が"もうひとつの"因果律の典型として挙げる，「神社に行くと良いことが起きる」は，論の展開上，後で取り上げることにする。

ところで，"もうひとつの"因果律にかかわる山本の事例としては，自動車，人骨，カドミウム金属棒，ヒヨコ，保育器等々があるが，ここでは，とりわけかかわりの深いものとして，人骨とカドミウム金属棒の2つを取り上げたい。

まず，人骨の事例について山本は，次のように述べている。

「イスラエルで，ある遺跡を発掘していたとき，古代の墓地が出てきた。人骨・髑髏がざらざらと出てくる。こういう場合，必要なサンプル以外の人骨は，一応少し離れた場所に投棄して墓の形態その他を調べるわけだが，その投棄が相当の作業量となり，日本人とユダヤ人が共同で，毎日のように人骨を運ぶことになった。それが約一週間ほどつづくと，ユダヤ人の方は何でもないが，従事していた日本人二名の方は少しおかしくなり，本当に病人同様の状態になってしまった。ところが，この人骨投棄が終ると二人ともケロリとなおってしまった。この二人に必要だったことは，どうやら『おはらい』だったらしい。実をいうと二人ともクリスチャンであったのだが——またユダヤ人の方は，終始，何の影響も受けたとは見られなかった，という随想である。」[山本七平，2018：33-34]。

「骨は元来物質である。この物質が放射能のような形で人間に対して何らかの影響を与えるなら，それが日本人にだけ影響を与えるとは考えられない。従ってこの影響は非物質的なもので，人骨・髑髏という物質が日本人には何らかの心理的影響を与え，その影響は身体的に病状として表われるほど強かったが，一方ユダヤ人には，何らかの心理的影響も与えなかった，と見るべきである。おそらくこれが『空気の基本型』である。」[同前：33-34]。

次に，カドミウム金属棒について，山本は次のように述べている。なお，次

に引用する場面とは，公害病であるイタイイタイ病がカドミウムと関係のないことを実証した研究者が山本と会談した際，彼が多くの新聞記者に囲まれ取材をされたときの様子を述懐したものである。

「何しろ新聞記者がたくさん参りまして『カドミウムとはどんなものだ』と申しますので，『これだ』といって金属棒を握って差し出しますと，ワッといってのけぞって逃げ出す始末。カドミウムの金属棒は，握ろうとナメようと，もちろん何でもございませんよ。私はナメて見せましたよ。無知といいますか，何といいますか……」［同前：37-38］。

「アハハハ……そりゃ面白い，だがそれは無知じゃない。典型的な臨在感的把握だ，それが空気だな。」［同前：38］。

「記者を無知だといったこの人でも，人骨がざらざら出てくれば，やはり熱を出すであろう。彼はカドミウム金属棒に，何らかの感情移入を行なっていないから，その背後になんかが臨在するという感じは全く抱かないが，イタイイタイ病を取材してその悲惨な病状を目撃した記者は，その金属棒へ一種の感情移入を行ない，それによって，何かが臨在すると感じただけである。」［同前］。

この2つの事例の中で，山本は，「臨在」，「臨在的把握」，「感情移入」といった用語を用いているが，まずはそれらを鈴木の解説書にしたがって明確に定義することにしたい［鈴木博毅，2018：97, 115］。

① 「臨在感」：「因果関係の推察が，恐れや救済などの感情と結び付いたもの」
　　　　　　具体的には，「物質などの背後に何か特別なものを感じること」
② 「臨在感的把握」：「ある対象と何らかの感情を結び付けて理解すること」
③ 「感情移入」：「自分の心や感情が，すなわち現実だと感じること」

以上の用語を踏まえた上で，まず，人骨の事例から述べると，一週間ほど人

骨・髑髏の運搬に従事していた者のうち、日本人が2名ともおかしくなり、病人の状態になってしまった理由とは、山本が指摘するように、人骨・髑髏といった単なる物質（もの）が物質以上の心理的、宗教的影響を与えたことにある。これに対して、一緒に人骨・髑髏を運搬していたユダヤ人は一神教であることから、人骨・髑髏は単なる物質であり、それ以上の存在ではなかったが故に、何ら異変は起こらなかったのだ。日本人にとって人骨・髑髏は、単なる物質ではなく、その物質の背後に何かが臨在しているのである。つまり、「臨在感」の定義にしたがうと、日本人にとって人骨・髑髏は、恐怖や畏怖といった感情の対象であり、「人骨・髑髏＝恐怖・畏怖」の対象というように感情で結びつくことから、こうした物質に触れることにより、良くない状況をもたらす、それどころか病気になったりたたられたりすることになる。元々、人骨・髑髏に対して恐れを抱いている日本人にとって、人骨・髑髏に触れることが良くない状況をもたらすと信じられているのだ。この場合、「人骨・髑髏に触れること」が原因となって「良くない状況をもたらす」という結果が生まれるという思考・推論こそ、因果関係（因果律）の推察にほかならない。注意すべきなのは、この場合、因果関係（因果律）が制作されるのではなくて、あくまで「人骨・髑髏」という物質と、「恐怖・畏怖」という感情が結びつくことで、物質を用いた因果関係（因果律）が推察されるということである。定義にあるように、「臨在的把握」とは、「ある対象（＝人骨・髑髏といった物質）と何らかの感情（恐怖・畏怖）を結び付けて理解すること」なのだ。しかもこの場合、人骨・髑髏へと自分の心・感情（恐怖・畏怖）を投影させつつ、そのことが現実だと感じる、いわゆる「感情移入」をともなっている。

　筆者は、山本が挙げる事例の中でまず何よりも、人骨の例を挙げたが、その理由は、ここには私たち日本人だけが有する臨在感、および臨在的把握が顕著に表れているからである。ここでは詳述しないが、私たち日本人の多くは、人

骨・髑髏どころか，少し考えただけでも，霊・幽霊・心霊，魂・霊魂，悪魔・妖怪・化け物，地獄，さまざまな超常現象やオカルト（念写・テレパシー・UFO等々），雨乞いの儀式（たとえば，地蔵を川へ投げ込む儀式），さらには，祟り・怨念・呪い，ケガレなどの触穢思想等々，いわゆる物質や物質的なものの背後に得体の知れない何かが臨在していると感じてしまうのである。これらすべては，一神教を信仰していない民族にとって特有の感覚・感性ではなかろうか。

ここで最初に挙げた人骨・髑髏は，山本から見ると，臨在感と臨在的把握を経由して，私たち日本人を拘束したり誘導したりする「空気」へと収斂するわけであるが，筆者としては「空気の研究」以上に，臨在感と臨在的把握それ自体に拘るべきであると考えている。

次に挙げるカドミウム金属棒は，人骨よりもわかりやすい。これについては，鈴木がまとめた図が手がかりとなる（図1参照）。

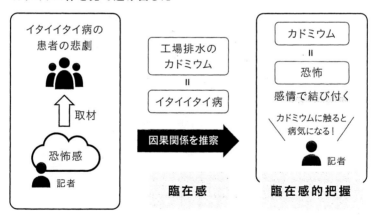

図1　臨在感と臨在的把握（カドミウム棒の場合）

図1［同前：98］（前ページ）のように，専門家からすると，イタイイタイ病と，カドミウムという化学物質，さらには，新聞記者の眼前にあるカドミウム金属棒は，何ら関係のないものであり，それに触ろうと，それをナメようと，何ら悪い影響は生じないはずである。ところが，イタイイタイ病の患者の悲劇を数多く取材することで（工場排水の）カドミウムに対して恐怖感を抱いている新聞記者からすると，（専門家から提示された）目の前にあるカドミウム金属棒は，「恐怖の物質」以外の何ものでもなく，それに少しでも触れようものなら，忽ち病気になる代物である。イタイイタイ病患者の悲惨さを取材してきた新聞記者からすると，「カドミウム＝恐怖」というように，強い感情で結び付いているのだ。新聞記者は専門家とは異なり，工場排水として垂れ流されるカドミウムという物質が原因となってイタイイタイ病の発症という結果をもたらしたというように，因果関係（因果律）の推察を行ったのである。臨在感は，こうした因果関係（因果律）が推察されることによって生み出される感情であり，そうした感情は対象（もの）と結び付けられることによって，当の物質が恐怖・畏怖の対象となって忌み嫌われるのである。

2．臨在感と臨在的把握のメリット

　以上，人骨とカドミウム金属棒を通して，日本人に特有の臨在感・臨在的把握の問題点を指摘してきた。ところが意外なことに，こうした臨在感・臨在的把握にもメリットはある。ある地方で風土病が蔓延した場合，その原因は，川のたたり，池や沼のたたり，山のたたり，土地のたたり等々，総じて，"自然のたたり"と見なされてきた。事実，科学文明が発達する以前，私たち日本人は，目に見えない大きさの病原虫や寄生虫，細菌，ウイルス等々から悪害を受けてきたのである（こうした傾向は，とりわけ農業文明で顕著だといわれてい

る）。有名なところでは，ある東北地方の山村ではツツガムシが生息しており，その幼虫が原因で多くの人たちが犠牲になったといわれている［小林照幸，2016］。

このように，一見，「たたり」という言葉はいかがわしいように見えるが，こうした邪悪な言葉を敢えて使用することで，私たち日本人（の祖先）は，自らの力では制御することのできない自然の中にさまざまな因果律を推察し，警告を発してきたのである。たとえば，"あの沼には絶対入るな"，と。

こうした場合，因果関係（因果律）の推察を行うことは，正確な原因の解明はともかく，結果的に得体の知れない何か（X）から迅速に身を守るということにつながるという点で，大きなメリットがあったと考えられる。確かに，因果律の推察は，直感的，ヒューリスティックな思考であり，間違いも多々あるが，それでも危険を察知する上では有益なものである。したがって，私たちの遠い先祖がたとえば"あの山に入るとたたりがあるから入ってはならない"という戒めを今日の私たちは笑うことはできない。言葉こそ「山のたたり」だが，もしかすると，"あの山"には，硫化水素が吹き出す場所があったかも知れないし，村人を襲うヒルやツツガムシが多く棲息していたのかも知れないのである。こうした経験則に基づく因果律は，文字通り，素朴理論としてのそれの典型である。

実は，因果律の推察に関する興味深い知見は，災害地で見られることがある。たとえば，1999年の広島豪雨災害地には貴船神社という，タカオ神という水の神を祭っている神社があるとテレビ報道がなされた。その報道によると，この地では大きな土砂崩れがあって多くの人たちが水害の犠牲になった。ところで，この神社の別名は「竜王社」である。実は，この名称は，土砂崩れによる荒々しい水の蛇行を「大蛇（＝竜）」に見立てたものである。1500年代中期に，勇敢な武士がこの地に住む人たちを苦しめいたこの「大蛇」を退治し，その首

を社（神社）に埋めたといわれている。これら一連のことを関連づけると，災害地となったこの地では，かつて土砂崩れによる水害が頻発していて「荒々しい水の蛇行＝大蛇＝竜」となって人たちを苦しめたが，その「大蛇（＝竜）」をある武士が退治し，その首が社に祭られた，ということになる。それが「竜王社」という名前の由来である。裏を返すと，この地には今も，そしてこれからも，土砂崩れによる水害が起こる，起こり得るということを示唆しているのだ。日本の古い神社には，因果律の推察にかかわる痕跡が残されているのであり，竜王社（貴船神社）はその典型であると考えられる。

3．ポジティヴな臨在感と臨在的把握──神社と期待感

　これまで主に，ネガティヴな意味での臨在感と臨在的把握について言及してきた。ただ，臨在感と臨在的把握には，ネガティヴなものもあれば，ポジティヴなものもある。それが筆者が挙げた「神社に行くと良いことが起きる（神社に行ったから良いことが起こった）」である。
　この事例をわかりやすく説明したものが次ページの図2［鈴木博毅，2018：98］である。
　図2に示されるように，私たち日本人の多くは，普段，神社に参拝に行くと良いことが起きるのではないかという予測や期待感，すなわち嬉しい感情や気持ち（心）を抱いており，実際，神社に参拝に行った後で良いこと（御利益）があると，「神社に行ったから良いことが起きたのだ！」という具合に，そうした感情と現実が結び付くのである。この場合，「神社への参拝」と「良いことが起こるという予測・期待感」という，（本来）別々の二つの事柄のあいだに因果関係（因果律）が推察されることで，神社に参拝すると良いことが起きるという心・感情と結び付けて理解されるのである。因果関係の推察は，「参

拝＝良いことが起きる（という予測や嬉しい心・感情）」，すなわち行動主体の内面の中で制作されるのだ。その結果，「多くの日本人は神社にお参りに行くと，何か良いことが起きる」，具体的には，「多くの日本人は神社にお参りに行ったから，良いことが起こった」という因果関係（因果律）が制作されることになる。

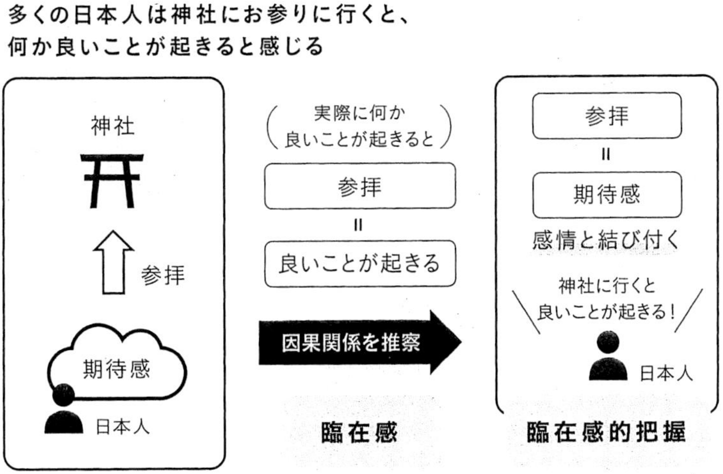

図2　臨在感と臨在的把握（神社の場合）

ただここで注意すべきなのは，前述した，人骨やカドミウム金属棒などのネガティヴな意味での臨在感・臨在的把握も，神社などのポジティヴな意味でのそれらも同じく，因果関係（因果律）を推察することによって生み出される感情が肝要であって，そうした感情が対象（物質）と結び付くことで，それが恐怖の対象となったり，崇拝の対象となったりするということである。この場合

の，対象としての物質のことを山本は特に「象徴的物質」[山本七平, 2018：45]と呼んでいる。端的にいえば，心・感情がこうした「象徴的物質」へ移し入れられるのだ。したがって，ネガティヴなもの，ポジティヴなものの如何にかかわりなく，因果関係（因果律）の推察とは，見かけの上では因果律の制作に見えるが，実際は感情に基づく，ニセの（＝擬似的）因果律を制作することにすぎないのである。

　繰り返すと，この類いの因果律とは，私たち人間が自らの心・感情，すなわち恐怖・畏怖・崇高等々の心・感情を物質・自然（象徴的物質・自然）の中へと移し入れ，そして移し入れた物質・自然（正確には，自らの感情とない交ぜになった物質や自然）に対してさまざまな感情の表出（怖れる・畏怖する・崇める・祈る等々）を行う拠り所となるものである。よくよく考えて見れば，こうした因果律においては，自らの心・感情を投影した物質に再び，心・感情をもってかかわるがゆえに，実際は自らの心・感情が自らの心・感情に再帰的にかかわっていることがわかる。それは，実に奇妙な事態である。その意味で，こうした因果律は，自らの心・感情が物質や自然にかこつけて，自らの心・感情にかかわる魔術的なものだといえる。だからこそ，それは，因果律の制作ではなく，因果律（因果関係）の推察なのである。この場合，言葉としては，因果律の推察よりも因果関係の推察の方が適切であろう。というのも，「因果関係の推察」という概念は，自らの心・感情が物質を経由して自らの心・感情に再帰的にかかわる，すなわち自己が原因となって自己という結果を生み出すことから，「原因としての自己」と「結果としての自己」との関係となるからである。

4．神社の神体に対する嘲笑——近代合理主義の陥穽

ところで，日本が近代化を遂げた後，こうした臨在感と臨在的把握に対して批判した者は少なからずいた。いわゆる近代合理主義の立場に立つ人たちである。その先達は福沢諭吉であった。山本が述べるように，「物質から何らかの心理的・宗教的影響をうける。いいかえれば物質の背後に何かが臨在していると感じ，知らず知らずのうちにその何かの影響を受けるという状態，この状態の指摘とそれへの抵抗は，『福翁自伝』にもでてくる」［同前：34］のである。

ここで山本が挙げた『福翁自伝』とは，幕末から明治初期にかけて啓蒙主義者（近代合理主義者）として活躍し，慶應義塾大学を開講したあの福澤諭吉の自伝である。山本自身は『空気の研究』の中でこれ以上『福翁自伝』に言及していないが，鈴木の解説書では詳しく取り上げられている。ここではそれを参考としながらも，前述した臨在感と臨在的把握と，福澤の近代合理主義が対峙する主な場面を取り上げることにする。なお，そのエピソードとしては，殿様の名前を書いてある紙を踏みつけて兄から厳しく叱られる場面や，「お稲荷様」の御幣を持って祈ると「お稲荷様」が憑くと吹聴したある女を困らせる場面があるが，ここでは神社の御神体を捨てた場面に注目することにしたい。

「年寄りなどがいう神罰などは大嘘だと信じ切って，今度は一つ稲荷様を見てやろうという野心を起こした。『叔父様の家の稲荷の社の中には何が入っているかしら』とあけて見たら，石が入っているから，その石を捨ててしまって代わりの石を拾って入れて置いた。

また隣家の下村という屋敷の稲荷様をあけて見れば，ご神木は何か木の札で，これも取って捨ててしまい平気な顔をしている。すると，間もなく祭りの日になって幟を立てたり太鼓を叩いたり御神酒を上げてワイワイしているから，私はおかしい。

『馬鹿め。おれの入れて置いた石に御神酒を上げて拝んでいるとは面白い』と，ひとり嬉しがっていたというようなわけで，幼少の時から神様が怖いだの仏教がありがたいのとは初めから馬鹿にして少しも信じない。」[福澤諭吉, 2011：31-32]。

ところで，山本は，臨在感（臨在的把握）を嘲笑した諭吉少年の言動を間違っていると指摘している。では何が間違いかというと，それは，彼が臨在感を「ただの気の迷い」だとし，臨在感そのものの存在を否定するだけで，なぜ，こうした現象が起こるのかという理由をまったく探求しなかったからである。さらに問題なのが，臨在感がお稲荷様の御神体としての石，前述した象徴的物質によって生み出されると考えてしまったことである。だからこそ，彼は，御神体である石を自分が取ってきた別の石へと置き換えたにもかかわらず，この，ニセの御神体で村人が祭りを行い，祈りを捧げたことをただ嘲笑したのだ。

以上述べたように，臨在感（臨在的把握）は，諭吉少年が誤解したように，物質（モノ）から生じるものではなく，前述したように，象徴的物質，たとえば，石や木の札へと投影された（移された）心・感情から生み出されたのである。御神体を信仰したりお稲荷様を祭ったりする人たちにとってこれらの物質（それらが何を素材に作られたか）は副次的なことであり，本質的な問題ではないのである。鈴木がいみじくも述べるように，「心にある悩みの対極としての救済への希望の投影が，臨在感の根源的な発生源だからである。つまり臨在感は，悩みや願いを持つ人々の心が起点なのである。御神体の木の札や石は，あくまでも脇役としての舞台装置にすぎなかったのである。」[鈴木博毅, 2018：101]。

確かに，山本が指摘するように，諭吉少年が近代合理主義の立場から石を御神体として崇め，祭りで祈ることを嘲笑するだけでは，臨在感（臨在的把握）の本質を捉え損ねてしまう。つまり，私たち日本人は，物質・自然に因果律の

推察を行うことにこそ，臨在感（臨在的把握）の拠点があり，また，そうであるがゆえに，この，根深いものの見方や思考様式そのものを問題視しなければならないのだ。山本自身，臨在感（臨在的把握）から呪縛を解く方法として，「臨在感を歴史観的に把握しなおすこと，……対立概念による対象把握」［山本七平，2018：54］を挙げている。確かに，これらの解決法は，臨在感（臨在的把握）が空気の支配だと捉えた場合，妥当であるが，筆者はそれらを空気の支配へと集約すること自体に異論がある。むしろ後述するように，臨在感（臨在的把握）こそ現在の日本社会を覆っている深刻なものの見方であり，思考様式なのではなかろうか。筆者としては，諭吉少年の臨在感（臨在的把握）に対する洞察は不十分であったが，近代合理主義の立場からそれを否定したことは十分評価したいと考えている。そして，諭吉少年が否定した，石や木の札といった単なる物質（モノ）を御神体に変えてしまう，日本人特有の現象のことを世界全般に共通する「物神崇拝」，もしくは「フェティシズム」と捉え直すことで，臨在感（臨在的把握）についての分析・考察を深めることにしたい。

Ⅲ．フェティシズム（物神崇拝）とニセの因果律

1．因果律の推察の正体

　本章ではフェティシズム（物神崇拝）へと論を進めていくが，その前に，これまで述べてきたことを要約すると，次のようになる。

　何を置いてもまず述べて置くべきなのは，因果律そのものが存在しないということである。とはいえ，私たちが不全の状況，または不確定な状況に置かれたとき，思考，またはコミュニケーションの手段として用いる因果律は存在しており，それは一般に，「～だから……となる」という形式で表すことができる（因果律は素朴理論として存在していると考えられる）。ただ，「正しい」因果律があるとすれば，それは，物的因果律のひとつである遠隔の因果律（「原因＋諸要素／帰結」）と，心的因果律のひとつである「引き起こす思い／帰結」のみである。これらは，高山が因果律超克論を通して要請した理由律と一致する。筆者は高山と異なり，「正しい」因果律と理由律が一致することを，「変化」を含む，思考のフレームワークとしてのＡＢＣ分析，すなわち「Ｂ：Ａ→Ｃ ∴Ｂ」から導出した。反面，それ以外の一般の因果律が「正しくない」ことも明らかにした（特に，心の言葉とそれを抽象化した仮説的構成概念を挿入する心的因果律の多重ミスを指摘した）。

　しかしながら，一般の因果律に分類されない"もうひとつの"因果律がある

ことが判明した。それが、一般の因果律と同様、「〜だから……となる」という推論形式を採りながらも、思考上どころか、コミュニケーション上においても支障をきたす因果律である。たとえば、「カドミウム金属棒に触れると病気になる（カドミウム金属棒に触れたから病気になった）」とか「神社にお参りに行くと良いことが起きる（神社にお参りに行ったから良いことが起こった）」といった因果律である。こうした因果律の中には、後者のように、一見、意味が理解できるものもあるが、よくよく考えると、意味不明であるものがほとんどである（神社にお参りに行くことでさえ、そのことがどうして良いことが起こることになるのか、誰も明確に回答することはできないはずだ）。要するに、この類いの因果律については、意味が理解できるのではなくて、「意味が理解できた」ことにしているだけなのだ（つまり、深く考えないという慣習にしたがっているだけである）。

　しかも、こうした"もうひとつの"因果律は、独自のやり方で制作される。つまり、過去に体験したことに基づきながら、工場用水のカドミウムが原因となってイタイイタイ病という結果をもたらしたというように、因果律の推察を行うことで、（目の前に提示された）カドミウム金属棒という物質の背後に何かが臨在していると感じ取り、カドミウムと恐怖の感情を結び付けて理解することになる。こうした過程を経て制作される因果律は、「カドミウム金属棒に触ると病気になる」というものである。これは恐怖や不安などのネガティヴな感情で結び付いた臨在的把握であるが、これとは反対に、「神社に行くと良いことが起きる」というような、ポジティヴな感情と結び付いた臨在的把握も存在する。

　ただ、ネガティヴな感情にせよ、ポジティヴな感情にせよ、物質と何らかの感情が結び付くことで、物質（対象）の背後に（単なる物質以上の）何かが臨在しているのである。この場合、臨在感の拠点となる因果律の推察は、「〜だ

から……となる」という具合に，形式的には一般の因果律と同型であるが，内実は，物質の中に心・感情が移し入れられたもの，あるいは感情移入されたものなのであり，実質的には，自己が自己に再帰的にかかわるものなのである。誤解を怖れずにいえば，それは，過去に自己がかかわった対象に抱いた感情（恐怖感や期待感など）を元に，再度，同一の対象とかかわるとき，その対象が原因となって及ぼす結果を推論することで，すなわち因果律の推察を行うことで，対象の背後に対象以上の何かが臨在していると感じ，その対象を感情と結び付けて理解すること（＝臨在的把握）なのである。

　以上のことから，因果律を推察することは，推論形式こそ，因果律と同じ「～だから……となる」であるにもかかわらず，因果律を制作することを意味しない。繰り返しになるが，因果律の推察は，過去の体験に基づいて心・感情を物質（対象）へと移し入れただけなのだ。裏を返せば，心・感情が物質（対象）にかこつけることで，何らかの感情を増幅しているだけなのである。したがって，因果律の推察でいうところの「因果律」は，一般の因果律とは無関係である。むしろ，臨在感と臨在的把握にかかわる因果律の推察は，次に述べる「物神崇拝」，もしくは「フェティシズム」と関連が深い。

2．物神崇拝（フェティシズム）とは何か

（1）原始宗教の系譜

　前述したように，日本人が人骨，カドミウム金属棒，石や木の札などの物質（対象）の背後に何かが臨在していると感じること，すなわち臨在感・臨在的把握は，これらの物質を物神崇拝することである。こうした物神崇拝は，日本人以外の人たちにも多々見られる現象である。一般に，物神崇拝は，フェティシズムと呼ばれているが，それは原始宗教のひとつである。

ところで，原始宗教には，さまざまな種類がある。たとえば，プレアニミズム，アニミズム，トーテミズム，シャーマニズム，そして，フェティシズムである。ただ注意すべきなのは，これらが原始宗教として並存している，もしくは時系列で分類されるということではなく，これらをめぐって原始宗教の捉え方が多々あるということである。現時点では，原始宗教についての正しい捉え方は解明されていないが，筆者はさまざまな原始宗教の研究書を通覧した結果，フェティシズムこそ，原始宗教に値すると考えている（なお，本書は原始宗教に関する研究書でないことからそのさまざまな捉え方についてはこれ以上言及しないものとする）。

　ただ，フェティシズムの本質を知る上で，前述したそれ以外の原始宗教について最小限，述べることにする。

　まず，プレアニミズムであるが，これは，R.R.マレットが唱えた概念である。マレットは，すべての物に「人格的な力としての魂」が宿ると見なすアニミズム以前（＝プレ）に，「非人格的な力としてのマナ」，すなわち自然の脅威的な力を認めることを優先した。現在では，プレアニミズムは「アニマティズム」と呼ばれている。

　これに対して，アニミズムは，E.B.タイラーが唱えた概念である。タイラーは，アニミズムを，生物・非生物を超えて万物に「人格的な力としての魂・霊魂（＝アニマ）」が宿るものだと捉えた。アニミズムでは，万物を霊魂（アニマ）だとして崇拝の対象にするのだ。また，アニミズムは，日本の古神道（多神教としての八百万の神）につながるものだといわれている。

　次に，トーテミズムであるが，これは，『金枝篇』のJ.フレイザーやE.デュルケムらによって広められた概念である。島薗進の定義によると，トーテミズムは「大きな集団である部族社会がいくつかの氏族に分かれる。その氏族がそれぞれ『トーテム』というものを信仰してまとまっている。トーテムは多くの

場合，動物であったり植物であったり，自然に存在する『種』である。」[島薗進，2017：52]。トーテミズムに関して有名なのは，氏族のトーテムを柱状に掲げて崇拝の対象とするトーテムボールである（それは学校でよく見かけられる）。ただ，原始宗教の起源をトーテミズムとすることについては研究者から多くの疑念が出されている（C.レヴィー・ストロースのトーテム批判が有名である）。

次に，シャーマニズムであるが，これについては，小倉紀藏がアニミズムとの違いを明確化しつつ，次のように定義している。

「シャーマニズムは文字通り，シャーマンというカリスマを持った特権者が，天と地を媒介して天の意思を地上に伝える役割をすることによって，地上に対する支配力や影響力を持つという垂直的な構造でできあがっている。シャーマンは単なる人間ではなく，天や神の代弁者である。」[小倉喜蔵，2019：276]。それゆえ，「シャーマニズムの暴力は，シャーマンという一人によって行使されるので，共同体の構成員は，その暴力を統御しようとして思想をつくる。」[同前：277]。

これに対して，「アニミズムというのは，共同体のすべての構成員が『この木にはいのちがある』『この岩はカミである』と共同主観的に決めることによって，世界の生命的構造を構築していく思想である。」[同前：276]。それゆえ，「アニミズムの暴力は集団が行使するものである。共同主観という圧力のもとに，……共同主観側は，それ（※「この木にはいのちがある」と決定したこと）に従わない主観を村八分とかいじめという陰湿なやり方で抑圧し，排除する。……日本社会の『和』がこういう生きにくさを持っているのは，それがアニミズム的だからなのである。」[同前：277-278]。

このように，シャーマニズムとアニミズムの相違を明確化したことは卓見である。シャーマンというカリスマを中心に根拠のある普遍的な理念を生きるシ

ャーマニズムの社会に対して，わずかの権限しか持たない長を中心に，共同主観という根拠のない合意で生きるアニミズムの社会——ここには，宗教特性の違いがそのまま社会形態の違いとなって発現しているのである。

　このように，原始宗教の発展過程を見ると，プレアニミズムからアニミズム，トーテミズム，シャーマニズムへの移行は，非人格的な力（＝マナ）の崇拝から人格的な力（＝アニマ）の崇拝への遷移と捉えることができる。平たくいうと，宗教をベースに社会を構成する場合，自然そのものを崇拝の対象とすることよりも，自然の脅威的な力（＝マナ）を人格的な力（＝アニマ）へと擬人化する方が合理的なのである。疑念の多いトーテミズムはさておき，アニミズムとシャーマニズムでは，社会構成の仕方がまったく異なるにもかかわらず，共同主観的に合意された万物（たとえば，霊力のあるこの木やこの石）にせよ，カリスマ性を持つ神の代弁者であるシャーマンにせよ，人格的な力が崇拝の対象になるわけである。

（2）原始宗教としてのフェティシズム

　以上，原始宗教の遷移を概観してきた。前述したことからすると，原始宗教の分水嶺は，プレアニミズムと，アニミズム・トーテミズム・シャーマニズムとなる。つまり，その境界は，崇拝の対象を「非人格的な力（＝マナ）」にするか，それとも，「人格的な力（＝アニマ）」にするかにある。こうした観点からすると，物神崇拝（フェティシズム）は，何か具体的な物質（対象）の背後に何かが臨在していると感じ，（怖れであろうと，期待であろうと）崇拝の対象とすることであるから，後者の「人格的な力」に分類される。

　たとえば，M.ガブリエルは，フェティシズムとは，「自らの作った対象に超自然的な力を投影すること」［Gabriel, 2013 ＝ 2018：307］であると定義しているが，この定義の通り，フェティシズムにおける崇拝の対象は，「自らの

Ⅲ．フェティシズム（物神崇拝）とニセの因果律

作った対象」，すなわち人工物であることになる。それどころか，崇拝の対象であるところの「フェティッシュ」は，「ひとが自ら作ったにもかかわらず，作ったひと自身が自らを欺いて，自分がそれを作ったのではないと思い込んでいる」[同前：206] そういうものなのだ。つまるところ，「フェティシズムは，特定の対象が格別に崇拝されることではなく，およそ崇拝される対象が存在していることそれ自体にある」[同前：215] ことになる。

だからこそ，物神崇拝（フェティシズム）の対象を「人格的な力」や認知度の高い擬人化した物質・物体（対象）に限定するのは妥当ではあるとはいえない。すでに例示したように，人骨，石，木の札，カドミウム金属棒等々，崇拝される対象が存在してさえいれば，何でもよいことになる。

とはいえ，ガブリエルのフェティシズムの理解は，その歴史を十分に踏まえたものではない。そこで次に，石塚正英の物神崇拝（フェティシズム）研究を概観することを通して，フェティシズムの本質を捉えることにしたい [石塚正英，1991／1993／1995／2000／2002／2014]。

石塚正英は，フランスの啓蒙思想家，C. ド・ブロスがアフリカ等の原初的自然神（フェティシュ）信仰を「フェティシズム（呪術崇拝）」と命名し，次のように特徴づけたと述べている。

「本来の宗教以前のもので，本来の宗教の出発点である偶像崇拝（Idolatrie）が存在するよりも古い。宗教でないフェティシズムと宗教の一形態である偶像崇拝との相違は決定的で，たとえば前者においては崇拝者が自らの手で可視の神体すなわちフェティシュを自然物の中から選びとるが，後者においては神は不可視のものとして偶像の背後に潜む。つまり前者ではフェティシュそれ自体が端的に神であるのに対し，後者において可視の神体はいわば神の代理か偶像かである。その背後か天上にはなにかいっそう高級な神霊が存在する。また，フェティシズムにおいてフェティシュは，信徒の要求に応えられなければ虐待

されるか打ち棄てられるかするが，偶像崇拝において神霊は信徒に対し絶対者なのである。こうしてド・ブロスは，フェティシズムを宗教と明確に区別したのである。」［石塚正英，2002：28-29］。

しかも「フェティシズムにおいてはフェティシュ（神）は人（信徒）によってその地位に選定される。フェティシュ（神）は生物・無生物そのものであって，不可視の神霊の代理や偶像などではない。可視のものであって，五感の範囲にある。フェティシュ（神）は人（信徒）を災難から護るべきであり，それができなくなければ打ち叩かれたり殺されたりする。総じて，神はその創造者である人間に依存する。」［同前：20］。

このように，石塚が支持するド・ブロスのフェティシズムの立場からすると，精神分析家，S.フロイトのフェティシズム概念は，誤解，もしくは曲解されたものにすぎない。というのも，フロイトの場合，フェティシュは全体の代理物にすぎないからだ。ある男性が女性の足（足形）を偏愛するという例で述べると，ド・ブロスのフェティシズム概念がその女性の足（足形）を愛情の直接対象（＝全体）だと捉えるのに対して，フロイトのそれは，その女性の足（足形）への偏愛を彼女（＝全体）の代理，もしくは間接対象だと捉える。その意味で，フロイトのフェティシズムとは「フェチ」，すなわちリアルな空想へと転落する。したがって，フロイトがフェティシズムを「性対象の不適切な代理物——フェティシズム」とか「性対象の代理物」，およびフェティシュの「性欲動の変質から病的な錯行への移り行き」だと規定することは，誤解された捉え方にすぎないのである。「察するに，フロイトはド・ブロスを読んでいないのである。」［同前：25］。

さらに，石塚はJ.E.ハリソンの『古代芸術と祭式』を参照しながら，神が祭式から創出されたことを指摘する。ハリソンがいみじくも述べるように［Harrison, 1919=1997：54-55］，先史や未開の人々は，たとえば雨が欲しいとき

は雨を降らす雷神に願をかけるのではなく，自ら雷鳴をならし，雷神になりきるという。その際，人々は雷神を演じているのではない。そうではなくて，雷神そのものになりきっている。彼らの信仰は「ミミック（mimic）」，すなわち「そのものの真似をすること」ではなく，「ミメーシス（mimesis）」，すなわち「そのものになりきること」を特徴とする。

ハリソンによると，古代ギリシャの祭式ではかつて生きた牡牛を本物の神として殺していたが（それを「ドローメノン」と呼ぶ），次第に本物の神から代理，すなわち牡牛のスピリット，もしくはダイモーンというイメージにとって代わられ，そこから姿は牡牛だが霊としては高き神という観念（「イドル」，およびその崇拝としての「イドラトリ」）が成立していったという（それを「ドラーマ」と呼ぶ）。このように，「ドローメノン的段階」から「ドラーマ的段階」への移行・変容にともない，神と人との相互的，互酬的な関係世界が消失していくことになる。ド・ブロス的な意味での，原初的なフェティシズムは，系統発生的には失われてしまったのである。

繰り返し強調すると，原初的フェティシズムにおいて神を選定するのは，人である。しかも，選定されるものは，付近に存在している生物，もしくは無生物，あるいはそれらの断片である。そして一旦，神，すなわちフェティシュとして崇拝の直接対象としたならば，フェティシスト（信徒）はそれを徹底的に崇拝する。その主な崇拝内容は専ら，飢餓や水不足などの不幸や厄災からの回避である。石塚が例示するように［石塚正英，1995：17-29］，雨降り地蔵の場合，フェティシストたちは徹底的に崇拝し，祈願する。ところが，いつまで経っても雨が降らないという不幸や厄災を遠ざけてくれないならば，信徒たちはそのフェティシュに体罰を加える。その典型が崇拝の対象である雨降り地蔵を川に投げ込んでしまうことである。それでも雨降り地蔵が信徒の願いをきかないならば，破棄されてしまうか，破壊されてしまうことになる。いわゆる，

フェティシュの「死」である。

　こうして，雨降り地蔵に典型されるように，フェティシュは信徒（人）の崇拝といじめの交互的関係性のうちにある。重要なことは，崇拝といじめ（破壊）のどちらかが欠落してしまうと，それはすでにフェティシズムではないのである。裏を返せば，前述したスピリットと化した牡牛を含め，超越神は，フェティシズムの格下げされた代理物にすぎない。もっというと，天上から信徒（人）を一方的に拘束し，支配してくる超越神（「イドル」）は，崇拝といじめ（破壊）の交互的関係性を喪失した後の，倒錯した神観念なのである。

　なお，L.フォイエルバッハは，この点に気づき，『キリスト教の本質』の中で「神＝超越神」による人間の疎外の問題を追究した。石塚は，「政治権力に支えられて永久の支配権を獲得した超越神（＝絶対神）の信仰」のことを「ネガティヴ・フェティシズム」［石塚正英，2002：33］と命名する。これに対して，ド・ブロスが定義したフェティシズムを「ポジティヴ・フェティシズム」［同前］と呼ぶ。そして，「ポジティヴ・フェティシズム」には破壊（攻撃）を前提とする崇拝，崇拝を前提とする破壊（攻撃）ということで，快感がともなうという。

　以上，石塚の著書に沿ってド・ブロスのフェティシズム概念を敷衍してきたが，いま述べてきた原初的フェティシズム（「ポジティヴ・フェティシズム」）は，人類の歴史上（＝系統発生上），ほぼ消滅してしまったといえる。いわゆる，「ポジティヴ・フェティシズム」なき後の，絶対神としての超越神の支配である。ところが，「子どもの遊び」，すなわち（すべての人が一度はたどる）個体発生レベルでの遊びを見る限り，原初的フェティシズムの世界はいまでも生き存えているのである。

Ⅲ．フェティシズム（物神崇拝）とニセの因果律

（3）子どもの虫遊びに見る原初的フェティシズム

次に，石塚の考えに沿って子どもの虫遊び（虫いじめ）の中に原初的フェティシズム（「ポジティヴ・フェティシズム」）の痕跡を見るために，その見解とは異なる民俗学者，多田道太郎を引き合いに出すことにする。

一般に，虫遊びとは，ごくごく小さいときに，カエルやバッタなどの小動物をつかまえてかわいがったり，反対にいじめたりするという遊びのことである。子ども時代，近くに自然があった大人ならば一度は体験したことのあるあの遊びである（近年，身近な自然が消失しつつある今日，子どもの虫遊びは激減していると思われる）。それは，子どもの遊びの中でも極めて原初的なものである。ここで原初的なものというのは，小さな子ども，すなわち人生の初期に特有の遊びであることと，ルールなどの取り決めがないシンプルな遊び，すなわち遊ぶという純粋な目的に向けて遊ぶという意味で，遊びの中の遊びであることを意味する。

多田道太郎は，民俗学の立場からこの，「虫遊び」について次のように述べている。

「無力な虫をいつくしみ，同時にいじめる心。いつくしむのは，それが子供である自分と同じようにかよわい存在だからである。自己同一視がはたらいている。同時にいじめるのは，勇躍の心，優越の気持を抑えがたいからである。……他者を支配するというのは他者をもて遊ぶことであり，そこに遊びの根源の１つがある。」[多田道太郎，1980：102]。

さらに，「子供にとっては，自分が虫なのである。虫のイメージは生きものの魂である。子供は虫の中で生きているという意味で，彼自身，虫なのである。虫をいつくしむのは，自愛の一形式である。では，どうしてその虫をいじめるのか。虫をいじめるのは，グレゴールの妹の論理（カフカ作『変身』）であり，『文明』の方向であり，『社会』の意識であり，『人間』の心である。」[同前：126]。

このように，多田は，子どもの虫遊びの有する両義性，すなわち「いつくしみ」と「いじめ」を子ども自身の力学として析出する。つまりそれは，「虫＝自分と同じか弱い存在」と，「虫＝社会の目を通してみたか弱い（未熟な）自分」といった両義性であり，前者に傾倒すると，虫への「同化」によって「いつくしむ」ことになり，後者に傾倒すると，虫への「異化」によって（未熟さを抑圧する「社会」の側に立ちながら）「いじめる」ことになるのである。この場合，子どもは二重の意味で自らを虫に投射していると見なされる。

　それに対して，石塚は，「虫遊び」を前述した「ポジティヴ・フェティシズム」の具現化だと解釈する。端的に述べると，石塚において，「虫遊び」の「虫」は，まさしく原初的フェティシズムの対象，すなわち「神」だということになる。繰り返すと，原初的フェティシズムとは，その信徒にとって崇拝（慈愛）といじめ（攻撃）の交互的関係性のうちにあった。その意味では，子どもの虫遊びは，崇拝（慈愛）の対象であると同時に，いじめ（攻撃）の対象である。多田もまた，子どもの虫遊びの中に慈愛といじめの両面を看取しているが，それを見るまなざしは，前者が自分自身（自愛），後者が社会の側に立つ自分というように，二分化されていた。つまるところ，そのまなざしは自分自身へと還元され尽くされるものである。ここには原初的フェティシズムの世界のように，子ども自身と直接対象（「神」）との交互的，互酬的な世界は存在しない。

　これに対して，石塚の場合，子どもにとって虫をはじめとする身近な小動物は「神」であり，それゆえに崇拝といじめ（攻撃）の対象そのものなのである。バッタの羽を毟ったりカエルをなぶり殺したりする等々，子どもがときに垣間見せる虫に対する残酷ないじめやいたぶり，すなわち弱いものに対する残酷な行為こそ，人間の根源的な行動様式なのではないか。誤解を恐れずにいえば，原初的フェティシズムの世界こそ，子どもの遊びの本質なのだ。もっというと，もはや「子どもの遊び」の中にしか，遊びの本質的な内容はないと考えられる。

Ⅲ．フェティシズム（物神崇拝）とニセの因果律

　多田は，子どもの遊びは虫虐めも含めて，大人の真剣な実生活上の儀礼，特に通過儀礼（イニシエーション）を複製（コピー）したものだと規定している。大人の儀礼をコピーしたものが子どもの遊びであるがゆえに，純粋であり得るとともに，（ルールに拘束される以外は）権威から自由であると見なされる。こうした捉え方は瞠目するに値する。しかも，多田は，遊びをより上位の目的，すなわち「～のために」行う手段だと捉える解釈を退けている。この点も首肯できる。

　しかしながら，不十分なのは，多田が子どもの遊びをいかなる形態であれ，大人の世界の世俗化，または複製化というように，大人の相似形で捉えているということである。ここで欠落しているのは，遊びの原初性である。必要なことは，遊びを神と人との合一，そうした原初的なレベルでの儀礼――神との共食（直会）に相当する原初的な儀礼――にまで遡及して捉え直すことである。「子どもの遊び」を十全に捉えるためには，少なくとも，こうしたイマジネーションを働かせることは不可欠であろう。むしろ，神と人との交互的関係性が保持された楽園から，大人だけがアダムとイブよろしく追放され，合理的かつ分別的な世界へと移行し，神を超越神（絶対神）へと昇華させることで神との関係性を隔絶してしまったのである。そしてその上で，その楽園に残された子どもたちや"未開の人たち"を誤って無意識的，非合理的といった形容詞を用いて自分たちの世界と区画してきた。ところが，楽園から出てしまったのは，大人の方であり，そのことは現在の打算的かつ利己的な，大人世界をみれば明らかであろう。

　以上，子どもの遊びの本質を，先史や古代の精神を参照しつつ，原初的フェティシズム（「ポジティヴ・フェティシズム」）と規定してきた。遊びの本質は，ド・ブロスのいう意味でのフェティシズムにこそある，というのが結論である。

　前に，フェティシズムを「自らの作った対象に超自然的な力を投影すること」

だと規定したガブリエルの定義を挙げたが，いまや，この定義を改める必要がある。これは，ド・ブロスの定義からすると，「ネガティヴ・フェティシズム」に対応する。真正のフェティシズムは，子どもの虫遊びに見られる「ポジティヴ・フェティシズム」，または原初的フェティシズムなのである。

　以上のことから，象徴的物質の背後に何かが臨在しているのを感じる，いわゆる臨在感・臨在的把握は，原初的フェティシズム（「ポジティヴ・フェティシズム」）から見ると，「人格的な力」や認知度の高い擬人化した物質・物体（対象）を投影した，不本意なフェティシズムであると結論づけることができる。だからこそ，それは，「ネガティヴ・フェティシズム」なのである。「ネガティヴ・フェティシズム」は，人間が制作したものを，人間が自ら崇拝したり祈ったりする，いわゆる偶像崇拝である。一神教のユダヤ教・キリスト教・イスラム教では，偶像崇拝を厳しく禁止しているが，その理由は，人間が制作した偶像を崇拝するからであり，そのことは神への冒涜となる。

　こうした一神教の精神は，（ユダヤ人である）K.マルクスの貨幣の物神化，すなわち人間関係を円滑にする手段としての貨幣そのものが反転して，神として屹立し，人間を支配するという事態へと受け継がれていくが，こうした事態とは，人間自らが作り出したものをそれとは知らずに崇拝している倒錯した世界なのである。一神教の世界においても，偶像崇拝（物神崇拝）は「ネガティヴ・フェティシズム」として起こり得るのである。

Ⅳ. 日常世界に横溢する言霊
―― 精神病理学的アプローチ

1．日本人の言霊思想

　Ⅱ～Ⅲ章では臨在感を喚起させ，フェティシズム（物神崇拝）の対象となるものとして，石や木の札などの象徴的物質を挙げたが，この象徴的物質以上に臨在感を喚起させる対象として言葉を挙げることができる。

　ところで，古来日本では言葉は特に，「言霊」と呼ばれてきた。『広辞苑（第六版）』によると，「言霊」は，「言葉に宿っている不思議な霊威。古代，その力が働いて言葉通りの事象がもたらされると信じられた。」と定義・説明されている。つまり日本では，万葉の時代から今日に至るまで，言葉には霊・魂・霊魂が宿っていて，現実的に言葉の力を発揮すると考えられてきた。

　言霊研究の第一人者，井沢元彦によると，言霊とは「言葉と実体（現象）がシンクロする」，「ある言葉を唱えることによって，その言葉の内容が実現する」［井沢元彦，1991：12］という考え方だと平易に規定している。しかも，「肝心なことは，言葉に秘められたコトダマの力を発揮させるために，その言葉を口にする，すなわち声に出して発音しなければならないことだ。頭の中にしまっておいてはいけない。そこでコトダマを生かすためにはそれを口に出すという行為が必要になる，このことをコトアゲ（言挙げ）という。」［同前］。井沢

は，このように，「『かくいえばかくなる（こういえばこうなる）』というコトダマの作用を信じている」ことを，「かくいえばかくなる」信仰［同前：21］と命名している。

　たとえば，誰かが「病気」，「死」といった言葉を声に出すと，すなわち言挙げをするとその話し手にはその言葉通りの事象，すなわち病気・死が本当に訪れる（＝音連れる）ことになる。つまりこの場合，「病気」，「死」という言葉と，〈病気〉，〈死〉という実体が同期することで，言挙げをした者は，本当に病気になったり死んだりするというわけだ。

　「病気」・「死」のように，悪い言葉，不吉な言葉を声に出す（＝言挙げをする）と悪いことが起こり，反対に，良い言葉（「幸せ」等），縁起の良い言葉（「大願成就」等）を声に出す（＝言挙げをする）と，良いことが起こるのである。言霊思想においては，正確には，言霊思想を信じている人たち（日本人）にとっては，言挙げによって言葉に宿っている力が働いてその言葉通りの現実を実現させるのである。

　先程，言霊の典型例として「病気」，「死」を挙げたが，日本がアメリカと第二次世界大戦で戦っている最中，日本国内では敵国語を使うことは厳しく禁じられていた。たとえば，アメリカ由来の野球では，「ストライク」，「ボール」，「セーフ」，「アウト」等々の英語を用いるが，その当時はこれらが敵国語として禁じられ，「ストライク」は「正球」，「ボール」は「悪球」，「セーフ」は「安全」，「アウト」は「無為」等々というように，日本語に置き換えられていた。というのも，日本人が敵国語である英語を使うと，アメリカ人の精神（スピリット）が鼓舞されて日本が戦いに負けると考えられたからだ。

　また，言霊思想の影響は，さまざまな儀式・儀礼に表れている。たとえば，結婚式の祝辞などでは，「去る」，「離れる」などの別れを連想するような言葉は，忌み嫌われる言葉として極力避けられる（それ以外にも，不幸や不安定さ

を表す言葉も同様である)。さらに，神道の儀式の折，最大の言霊である祝詞を詠み上げるとき，誤読は絶対に御法度である。

　以上のように，言葉は，私たち日本人にとって象徴的物質以上に，臨在感を喚起させる強力な呪術である。言葉は，物神崇拝（フェティシズム）の対象なのである。

2．言語における論理と呪術——外延と内包の記号論

　では次に，言葉が言霊のように，臨在感を喚起させるメカニズムを言語論の立場から分析・考察することにしたい。

　ところで，イスラム研究で著名な井筒俊彦は，『言語と呪術』という著書を通して，言語を論理と呪術といった2つの側面から精緻に分析・考察している。『言語と呪術』は，一見，難解に見えるが，同書の解説者である安藤礼二によると，井筒の言語論は次のようにシンプルに組み立てられているという。

　「オグデンとリチャーズが『言語』の根底，『意味』の根底に見出した基本構造は，二つの機能，外的な事物を指示する機能と内的な感情を喚起する機能からなっていた。指示と喚起，それが『未開』の言語，『始原』の言語のもつ基本構造でもあった。井筒は，そのような『意味』の理解にもとづいて，『始原』の言語がもつ二つの機能を，論理と呪術，『外延』と『内包』と読み替えていったのだ。」[安藤礼二，2018：240]。

　「言語は論理であるとともに呪術である。……言語は世界を論理的に秩序づける力とともに世界を呪術的，すなわち魔術的に転覆してしまう力をもっている。井筒は，言語のもつ両義性にして二面性を，さらに『外延』（デノテーション）と『内包』（コノテーション）という術語を用いて言い換えてゆく。……『外延』とは，言語の意味を明示的，一義的に指示する外的な機能であり，

『内包』とは，言葉の意味を暗示的，多義的に包括する内的な機能である。『外延』が有限者と有限者（人間と人間）のあいだにむすばれる水平的かつ間接的なコミュニケーションを可能にするならば，『内包』は無限者と有限者（神と人間）のあいだにむすばれる垂直的かつ直接的な啓示を可能にする。『外延』は秩序を構築し，『内包』は秩序を解体し再構築する，すなわち『脱構築する』」［同前：227-228］。

以上のことから，「言語は，論理にして『外延』，呪術にして『内包』である。」［同前］。

安藤によるこの解説には，井筒の言語論のエッセンスが集約されている（井筒の同著書の中にこれほど明解な記述は見られない）。

安藤が述べるように，井筒はオグデンとリチャーズの言語論（「象徴－思想，または指示－指示対象」から成る三角形によって説明される言語論）を糸口に，言語の二重性，すなわち論理と呪術，および外延と内包を導出するとともに，各々の機能を発見したのである。ただ，言語論的には，オグデンとリチャーズの言語論よりも，F.ソシュールやR.バルトの言語論の方が井筒のそれを説明するのに適している。そこでこれらの言語論から「外延」と「内包」について言及することにしたい。

一般に，言語は，音声とイメージから成る。つまり，言葉は「記号表現（音声）／記号内容（イメージ）」，または「意味するもの（シニフィアン）／意味されるもの（シニフィエ）」から成る（「能記／所記」という表現もある）。たとえば，「ハト」の場合，「記号表現」は「hato」という音声や「鳩」という字面であり，「記号内容」は「白くて，クックと鳴く鳥」である。これは辞書に掲載されている，明示的，一義的な意味であり，「外延」（デノテーション）に相当する。私たちは，「ハト」という言語の意味を外的な機能，すなわち「外延」としてコミュニケーションの中で役立てている。

Ⅳ．日常世界の横溢する言霊

　これに対して，「ハト」という「記号表現／記号内容」，具体的には，「hato・鳩／白くて，クックと鳴く鳥」は，それを一つの「記号表現」としながら作られる「記号内容」がある。それが「内包」（コノテーション）である。具体的には，「鳩／平和」となる。つまり，この場合，「鳩」は単なる鳥ではなく，「平和」の象徴を意味する。「ハト」が「hato・鳩という字面／白くて，クックと鳴く鳥」というように，「シニフィアン＝音声と字面」と「シニフィエ＝鳥の一種」であるのに対して，これ自体を「シニフィアン（共時的シニフィアン）」とする「シニフィエ（共時的シニフィエ)」は，「平和」となる。

図3　神話の記号体系

　バルトは，二次的に生成される「共時的シニフィアン／共時的シニフィエ」のことを「神話作用」と名付けたが，それは，図3［Barthes, 1957=1967］として示される（なお，図3はバルトの図を再構成したものである）。井筒はこの「神話作用」を呪術へと読み替えたのである。たとえば，「病気」は「論理」にして「外延」の場合は，単なる心身が炎症を起こしている状態を意味するにすぎないが（コミュニケーションの媒体としての一つの言葉にすぎないが），「呪術」にして「内包」の場合は，「病気」という言葉を声に出す（発話する）ことで，実際に〈病気〉になってしまう，あるいは〈病気〉が現実化してしまうことを指す。この場合，「病気」という言葉を声に出すことは，何か

51

得体の知れないものを喚起させるわけである。だからこそ，言霊思想を信仰する者は「病気」という言葉を口にしてはならないのだ。

　言語の二重性における「呪術」にして「内包（コノテーション）」は，秩序を解体するかも知れない危うい機能であり，それは「未開」にして「始原」の言葉なのである。言葉は「内包」として自らが現実を変える力を有するのである。

　ところが，井筒が述べるように，「科学の訓練を積んだ近代人にとって，言葉は慣習的な記号以上の何ものでもない。対象と，その象徴として機能する言葉とのあいだにある関係は原理的には外在的で恣意的なものである。」[Izutsu, 2011 = 2018：54]。だからこそ，「これまで呪術は，因果律の根本的に誤った観念に基づいていると広く信じられ，真の因果関係についての無知が未開の人々に呪術的な実践を続けさせている，としばしば主張されてきた。」[同前：64]。

　しかしながら，「未開の心は，……言語と現実とのあいだにある別の類いの密接な関係性，すなわち因果関係を仮定する傾向にある。……これは記号と，記号によって表示された物とを混同するという，人間の心の普遍的な傾向が引き起こすのだ。言葉と物とが同一である，あるいは両者のあいだに何らかの不可思議な自然の対応があるという感覚ほど広く行きわたったものもない。さまざまな研究分野に従事する学者らはみな一致して，未開の人々もわれわれ自身の子どもたちも，言葉は物に貼り付けられたただの符号であるどころか，それ自体が現実の対象である，あるいは対象の本質的で必須の部分を表象さえすると認めてきた。言葉は物の『魂』そのものなのだ。」[同前：34]。

　井筒がいうところの，「言葉と物」，「言葉と現実」のあいだに"もうひとつの"因果関係を見出す「未開の心」は，いわゆるアニミズムなど原始宗教を信仰していた未開の人たち（現在でも未開を生きている人たちも含む）や，万葉集に代表されるように，言霊の世界を生きていた古代日本人だけでなく，言葉

を学び始めたばかりの幼児にも見られる。安藤は、「原初の共同体とパラレルである原初の人間，つまり幼児の言語獲得のプロセスこそ，呪術的な思考発生のプロセスそのものなのだ。井筒は文化人類学（および民族学）と発達心理学を、『呪術』を介して一つに結び付けようとする。」[安藤礼二，2018：244]と的確に述べている。

　以上，言霊のように，すべての言葉には「呪術」にして「内包」，すなわち未開の人や古代日本人，さらに幼児に特別な感情を「喚起」させるような力が宿っているのであり，そうした「未開の心」には，言葉（シニフィアン）と現実や物（シニフィエ）が融合・混同されるといった"もうひとつの"因果関係が見出されるのである。これに対して，私たち近代人（大人）は，こうした因果関係を誤ったものと見なし，言葉（シニフィアン）と対象（シニフィエ）を外在的なもの，すなわち「外延」だけで捉え，呪術を誤ったものと見なすのである。

　しかも注意すべきことは，すべての言葉には「外延」と「内包」といった意味が備わっているとすれば，原理上，「病気」・「死」といった特別な言葉だけが呪術的な側面を持っているのではなく，すべての言葉が呪術的な力を持つことになるということである。程度の差こそあれ，すべての言葉は，声に出すことで呪術性を帯びるのである。

　この点について，井筒は次のように述べている。

　「あらゆる言語はある意味，呪術行為とみなされてよいが，この呪術の本性はもちろん多様な強度において言語が実際に用いられるなかで具現される。その本性は本物の言語呪術から，半ば意識的，半ば無意識的な言語の呪術的使用の多くの度合いを経て（例えば，命令，願い，意志，情緒的な反応を表現したり引き起こす言葉や文など），その呪術的な核の外的な徴をわずかに示したり，あるいはまったく示さない文まで多様である。言い換えるなら，われわれは，

いわばあらゆる言語的振る舞いに呪術的な次元の存在を仮定すべきなのである。言語がほんの少しでも口に上れば，充実した生の現実のなかで用いられる，言葉のほぼ一つ一つの多様な度合いと形式のうちのすべてに，呪術的な次元を辿ることができるのだ。」[Izutsu，2011＝2018：82-83]。

井筒が述べるように，すべての言語は呪術行為となり得るが，それでも，すべての言語が同等の呪術性を帯びるわけではなく，その強度に違いがある。つまり，呪術の本性が最強度の「言語呪術」（魔術や呪文など）から，それに続いてその強度が高い，「命令」の言葉・文，「願い」の言葉・文，「意志」の言葉・文，「情緒的な反応を表現したり引き起こしたりする」言葉・文，そしてそれらよりも強度が低く，「呪術の徴候をわずかに示したり，まったく示さない」言葉・文に至るまで，言語における呪術的な次元はさまざまなのである。とはいえ，呪術の本性の強度が高い言葉も，その強度が低い言葉も，一旦，発話されるとき，その呪術行為を発揮するのである。その意味で，すべての言葉は，「論理」にして「外延」（デノテーション）であるだけでなく，「呪術」にして「内包」（コノテーション）でもあるわけなのである。

3．言霊の神話作用

言霊，すなわち言語における「呪術」にして「内包」（コノテーション）は，「未開の心」を持ち合わせていた，あるいは現在も持ち合わせている未開の人たちや言語を学び始めたばかりの幼児に見られ，彼らは言葉と現実・対象が融合・混合する（井沢のいう言葉と実体のシンクロ）という独自の因果関係（の世界）を生きられている。それは"もうひとつの"因果律である。

とはいえ，こうした因果律は，歪な形で今日の私たちの日常を覆い尽くしているように感じられる。こうした"もうひとつの"因果律からすると，「平和」

はただ「平和！」と発話するだけで平和になることになる。つまり、「平和」というように、それ自体、強い「願い」や「意志」と、強い情緒的な反応を喚起させる類いの言葉は、皆が呪文のように、その言葉を声に出したり叫んだりするだけで、本当に平和が現実化するという幻想が生まれてしまうのだ。井沢は「『平和よ来い』は雨乞いと同じ」［井沢元彦，1991：129］であって、そのスローガンは単なる言挙げにすぎない、と。

ところが、平和については、その対義語である「戦争」の本質を突きとめることを通してしか、平和を実現する手立ては出てこないはずである。つまり、平和について真摯に思考することは、戦争について真摯に思考することと表裏一体なのである。一般に、ある状態を示す言葉は、それを否定するもうひとつの言葉を経由する以外に、すなわち平和の場合でいうと、「平和でない状態＝戦争」を否定的に媒介しない限り、その言葉の真意を捉えることはできないのである（その意味では、前述した山本の「対立概念による対象把握」という戦略は妥当である）。

以上のことから、言語（言葉）が「呪術」かつ「内包」を有することは、言葉と現実の融合・混同によって誤認識をもたらす可能性を持っている。「平和」という言葉に限らず、前述したように、強い命令、願い、意志、表現を持ち合わせる言葉や文章は、それ自体が有する呪術的側面によって、それを声に出すだけで現実を変えることができるといった錯覚をもたらすのである。こうした意味での言霊現象が、今日の社会において何と多いことか。「平和」ほど極端ではないにしても、私たちはある言葉を発話するだけで、現実を変えることができるのだと錯覚を抱いてしまうわけであり、自らそうした誤認識に気づくことはかなり困難である。

こうした言霊思想（信仰）の弊害は、多々指摘することができるが、なかでも深刻なのは、井沢が指摘するように、言霊のせいで日本人が常時、リスクマ

ネジメントをし損なっていることである。敷衍すると，次のようになる［井沢元彦，2012：16-24］。

　2011年，福島第一原発で未曾有の大災害が起こったが，同原発では災害が起こるまで事故の想定や事故への備えがまったくできていなかった。なぜ，最悪の事態を想定し，それに対する備えができていなかったのかというと，それは，そもそも「事故を想定すること」は縁起が悪い，ましてや「津波まで想定することはタブー視されていた」からである。「事故が起こる」と言挙げをすると，本当に事故が起こってしまう，さらに，「津波を想定する」と言挙げをすると，本当に津波が押し寄せるというわけだ（さらには，「事故は起こらない（事故を想定しない）ので災害用ロボットはいらない」ことになる）。

　要は，「病気」，「死」という言葉と同様，悪い事態や不吉なことを口に出すと，現実に起こってしまうから，口には出さない，考えもしないということなのである。井沢は日本社会におけるこうしたリスクマネジメントの欠如の根底に，言霊という迷信を見出している。いいかえると，日本社会が正常なものになるためには，何よりもまず，言霊思想（信仰）からの脱却が求められるのである。

　以上，言霊思想の弊害として，日本社会の根幹にある平和と原発の問題を取り上げた。ただ，こうした弊害は，もっと身近で気づかない事柄にも見出すことができる。

　筆者が言霊の弊害であると痛感する身近な一例を挙げることにしたい。それは，1980年代の一時期に流行した「臨床の知」という言葉についてである。中村雄二郎は，「臨床の知」を次のように定義している。

　「１．近代科学の知が原理上客観主義の立場から，物事を対象化して冷ややかに眺めるのに対して，それ（臨床の知）は，相互主体的かつ相互行為的にみずからコミットする。……２．近代科学の知が普遍主義の立場に立って，物事

をもっぱら普遍性（抽象的普遍性）の観点から捉えるのに対して，それは，個々の事例や場合を重視し，物事の置かれている状況や場所（トポス）を重視する。3．近代科学の知が分析的，原子論的であり論理主義的であるのに対して，それは総合的，直感的であり，共通感覚的である。つまり，目にみえる表面的な現実だけではなく深層の現実にも目を向ける」［中村雄二郎，1984：189］，と。

こうした特徴づけからわかるように，「臨床の知」は，普遍性，論理性，客観性を原理とする，「近代の知（近代の科学・技術）」とはまったく異なる原理を持つ，もうひとつの知である。むしろ，「臨床の知」は，「近代の知」を負の遺産として捉え，それを乗り超える原理を，相互主体性および相互行為性，個別性および具体性，全体性・直感に求めている。つまり，「臨床の知」は，人間同士が身体的かつ相互的に関わっていく現場（フィールド）においてその都度生起する知のイメージであり，従来の科学的知の体系では無視され排除されてきたものだといえる。

このように見ると，「臨床の知」は，何かを明確に伝える言葉，すなわち「外延」ではないことがわかる。むしろ「臨床の知」は，「近代の知」によって無視され排除されてきたものを見直し，回復するための言葉，すなわち「内包」であることがわかる。今日でいえば，「臨床の知」は，理系優先に対する文系の擁護となる。つまり，「臨床の知」は，「近代の知」の信奉者たちや科学主義一辺倒（理系優先）の社会に対して，強い情緒的反応を喚起させる「呪術言語」なのである。この言葉を発話することによって，「近代の知」によって貶められてきた深層の現実が命を吹き返すわけである。その意味で，「臨床の知」は，強い神話作用を有する言霊なのである。

事実，「臨床の知」ブームの余韻が残っている中，日本社会では 1990 年代のカウンセリングブーム――「臨床」心理学や心理「臨床」などをはじめとす

る「心理主義」――が招来したが,そのことは,「臨床の知」の神話作用と無関係ではないと考えられる。

結 語

　以上，"もうひとつの"因果律を，山本が提唱した「臨在感」，「臨在的把握」，「感情移入」，およびこれらに関連する「因果律の推察」を通して分析・考察してきた。要約すると，次のようになる。

　"もうひとつの"因果律としては，主体が何らかの象徴的物質（カドミウム金属棒，石や木の札など）に対して普段，抱いている感情（恐怖感や期待感など）を元に，たとえば，カドミウムが原因となってイタイイタイ病（悲惨な病気）という結果をもたらす，あるいは，石を御神体として祈れば，そのことが原因となって良いことや幸せという結果をもたらすという具合に，因果律の推察を行うことで，目の前にあるカドミウム金属棒や石といった物質の背後に何かが臨在していると感じ，それらの物質が恐怖の対象となったり，崇拝の対象となったりすると捉えることになる。つまりそのことは，「カドミウム金属棒に触れると病気になる」，または「石の御神体に祈ると，良いことが起きる」といった臨在的把握になるわけである。こうして因果律の推察の結果，生み出された臨在的把握は，「AだからBとなる」（「AだからBである」，「AだからBを起こす」）というように，一般の因果律の思考・推論形式を採ることから見かけの上では"もうひとつの"因果律であるように見える。

　しかしながら，この，"もうひとつの"因果律は，主体の心にある怖れが対象（カドミウム）へと投影された結果，制作されたものであったり，あるいは

主体の心にある期待や希望が対象（御神体としての石）へと投影された結果，制作されたものであったりすることから，真正の因果律，ましてや理由律とはいえない。むしろそれは，因果律の推察を行うことを通して主体の恐怖や期待といった感情を対象へと移入したり，対象と結び付けたりしただけの，ニセの因果律にすぎないのである。端的にいえば，"もうひとつ"因果律（としての臨在的把握）とは，主体のさまざまな心・感情が対象へと投影されたことで，その対象の背後に何かが臨在していると錯覚したものなのだ。この「何か」の正体とは，主体が抱いている心（思い）・感情なのである。誤解を恐れずにいえば，主体が抱いているのは，妄想や錯覚である。

よくよく考えてみれば，私たちが怖いところ（たとえば，墓地）に居るとき，ちょっと物音に反応して，もしかしたら幽霊が居るのではないかと推量するであろう。つまり，墓場で聞いた物音（という結果）は，幽霊が原因であるわけだ。この場合，私たちの恐怖心が墓場での物音へと投影されたことが，その物音の背後に幽霊（のようなもの）が臨在しているという錯覚をもたらすのである。対象に対する特定の心・感情がまず先にあって，再び，その対象とかかわるとき，その特定の心・感情が喚起されてくることで，その対象の背後に何かが臨在していると捉えてしまうわけである。この点についてはすでに述べたように，対象へと投影された心・感情は，対象とのかかわりを契機に，再帰的に喚起されてくるのだ。そのように考えると，前述したように，対象の背後に何かが臨在しているわけではなく，主体が対象の背後に感じとっている「何か」は，自分自身の心・感情であることになる。

ところで，"もうひとつの"因果律は，以上述べた象徴的物質以外にも見られる。それは，言葉の有する呪術の本性，すなわち「言霊」である。すべての言葉は，程度の差こそあれ，発話すること，すなわち「言挙げ」によって言霊となる。魔術や呪文などの呪術言語はともかく，それほど強度の高くない言葉

でも，命令，願い，意志，情緒的反応の表現や喚起によって呪術となる。これらよりも強度の低い言葉でも，ときに言霊となることがある。

　言語論からすると，言霊は，言葉における「論理」にして「外延」，および言葉における「呪術」にして「内包」のうち，後者に相当する。つまり，言霊は，一次的な「記号表現（シニフィアン）／記号内容（シニフィエ）」としての「外延」（デノテーション）をベースに制作される，二次的な「記号表現（シニフィアン）／記号内容（シニフィエ）」としての「内包（コノテーション）」なのである。

　こうして現実化される言霊は，未開の心が生み出した独自の因果律から成る。その因果律とは，言葉と現実の融合・混同である。言挙げをすることが，現実を変える，もしくは現実に影響を与えるわけで，象徴的物質と同等に，あるいはそれ以上に，力（パワー）を有している。

　ただ，言霊を信仰する人たちのあいだでは（それが顕著な日本社会では），不吉なことや良くないことを実際に声（音声）に出すと，実際に不吉なことや良くないことが起こってしまうことから，たとえば「事故が起こる」とか「津波に襲われる」といった言葉は，不吉な言葉と同様，極力回避される傾向がある。いわゆる言霊の弊害である。こうしたことは，言霊信仰の強い日本社会において想定外のことが起こったとき，どうするかといったリスクマネジメントの脆弱化に繋がっている。それ以外にも，「戦争」，「暴動」然りである。

　このように，言霊，すなわち「内包」（コノテーション）もまた，象徴的物質と同じく，言葉と現実を融合・混同する思考・推論形式ということから，ニセの因果律の制作につながることになる。つまり，「事故が起こる」というように，ある不吉な言葉を発することが原因となって実際に良くない結果をもたらすという思考・推論形式は，一見，一般の因果律のように見えるが，実は，不吉な言葉と良くないことのあいだには何ら合理的な関係はない。端的にいえ

ば，これは，そう思う（思った）からそうなる（なった），ということ以上の何も示していないのだ。

　以上，"もうひとつの"因果律として，因果律の推察にかかわる象徴的物質と，独自の因果律の制作にかかわる言霊を取り上げ，これらが実はニセの因果律にすぎないということを論証した。また，象徴的物質の臨在感と臨在的把握は，特定の物質を怖れたり崇めたりするという意味で，物神崇拝，フェティシズム，正確には「ネガティヴ・フェティシズム」であった。これに対し，言霊は物神崇拝というよりも，呪術の本性を通して現実の変革を志向するラディカルなものである。むしろ，言霊は何かを崇拝することよりも，その呪術の本性を喚起することによって自己自身を変革するものではなかろうか。言霊は，専ら実践あるのみである。

　ただ最後に，忘れてならないのは，ニセの因果律である因果律（因果関係）の推察が一昔前の日本において身近な生活環境に潜む危険を察知するために，素朴理論としての因果律を制作していたということである。人間にとって命の危機にかかわる事柄を「あの山に入ってはいけない（あの山に入ると命の危険に晒される）」というように，因果律の推察を行い，自らの身を守ってきたのである。"もうひとつの"因果律は，ニセの因果律に相違ないが，身近な危険を察知する上での因果律の推察は唯一，有用なものであると考えられる。

補遺　仮説的推論と徴候の記号論

　結語で記述した事柄について補足して置きたいことがある。前述したように，"もうひとつの"因果律は，ニセの因果律でありながら，たとえば「あの山に入ってはいけない（あの山に入ると命の危険に晒される）」という具合に，因果律の推察を行うことで，里の人たちの命を危険から守ってきた。それは，近代科学が発展していない状況において生活環境に潜む危険を察知する上で有用な推論であったのだ。

　ところで，このような，素朴理論としての"もうひとつの"因果律は，C.S.パースの仮説的推論および徴候の記号論といった思考方法によって定式化することができる。パースによれば，推論の方法（探究の方法）には，次の3段階がある。

　順に述べると，それは次のようになる。

1. 仮説を設定する過程としての仮説的推論（abduction）
2. 仮説を分析することにより予見を推論する過程としての演繹（deduction）
3. 予見を検証する過程としての帰納（induction）

　探究の第1段階となる仮説的推論は，演繹と帰納とは異なり，大前提と結論から小前提を推論するものである。この諸段階は，次のような例にみられる。

私はかつてトルコのある地方の港に上陸したことがあった。訪れることになっている家に向かって歩いていると，馬にまたがった４人の男に天蓋をもたせて，やはり馬にまたがってやって来る人物に出会った。これほどの栄誉を得る人物として私の脳裏に唯一浮かんだのは，この地方の総督であったので，私はこの人物こそ，そうなのだと推論した。

　この事例における推論を定言的三段階論法の形で示すと，次のようになる。

①この地方の総督は天蓋のある乗り物に乗る。：≪大前提＝規則≫
②この人物は天蓋のある乗り物に乗っている。：≪結論＝結果≫
③ゆえに，この人物は総督にちがいない。　　：≪小前提＝事例≫

　さらに，この推論を定言的三段論法の形式から仮言的三段論法の形式へと変換すると，次のように表現することができる。

　ここに，ある人物が天蓋のある乗り物に乗っているのを発見する。しかし，この地方の総督は天蓋のある乗り物に乗る。そこでもし，天蓋のある乗り物に乗っているこの人物がこの地方の総督であるとすれば，これは驚くにあたらない。ゆえに，この人物は総督であると考えるに足る理由がある。

　さらにそれは，次のように定式化することができる（右はその論理形式である［米盛祐二，1981：198］）。

①驚くべき事実Ｃが発見される。　　　　Ｃ
②しかしＡならばＣである。　　　　　　Ａ⟶Ｃ
③ゆえに，Ａである。　　　　　　　　　∴Ａ

ところが，仮説的推論という論理形式は，後件から前件へと推論を行うという意味において「後件肯定の誤謬（the fallacy of affirming the consequent）」を犯していることがわかる。つまり，仮説的推論は，「Aは真である」という論理的必然性を断定することのできない弱い論証の仕方であり，それは「Aが真であるとみなすだけの理由」があるにとどまる。それにもかかわらず，この類いの推論が重要な意味を持つ理由は，私たちが直接には観察することが不可能な仮説的存在を仮定せざるを得ない場合が少なくないことに求められる。

　総督の例でいえば，パースは，観察可能なものを手がかりにして確認することのできる実在について推論している。そして，万一，仮説Aに十分な説明力・説得力が見出せないならば，さらに，A'，A"……というように，仮説を次々と改良し，洗練していくことを通して事物の本道へと接近していくことが可能である。パース自身述べるように，「私たちの精神はある有限回の推測でもってそれらの事実に関する唯一の真なる説明を考え当てることができるだろうし，そういう期待から励みを得て，私たちは仮説の構成に進むべきである。」[Peirce, 1986：219]。

　このように，重要な推論形式のひとつである仮説的推論は，驚くべき（意外な）事実や現象を，後件から前件への推論を通じて蓋然的な形で仮説を提示するのであり，それは仮説を有限回の推測でもって漸次，改良させ，洗練させていくことを可能にする。

　ところで，U.エーコは，パースの記号論を批判的に継承しつつ，さらに仮説的推論を「余剰コード化（extracoding）」[Eco, 1978=1980：220]という概念に置き換え，それをコード増殖の第1段階として位置づけている。エーコによれば，私たち人間は「コード化されていない状況と複雑なコンテクストに直面」すると，「メッセージが従来のコードに依存するのではないこと」[同前：208]を知り，それを解読（解釈）できる新たなコード，すなわち「一般的な

規則を発明，ないしは想定」[同前：212] する必要に迫られる。つまり，私たち人間が，既有のコードでは解読することができない未知の状況に直面したときに，不可避的に行わざるを得ない自己のコードの再編成または組み替えを，「余剰コード化」と呼ぶのである。しかも，その際の新たなコードの想定の仕方には次の2種類がある。

ひとつは，「過剰コード化（overcoding）」[同前：214ff.] である。それは「既有の規則に従って新しい規則が提出され，従来の規則のもっと稀な場合への適用を支配する」[同前：215] 場合であり，既有のコードにもっと細かい規則を加えて分節化することを意味する。もうひとつは，「過小コード化（undercoding）」[同前：218ff.] である。それは「信頼しうる既有の規則が存在しない」未知の状況に直面して新しいコードを「暫定的に想定する」[同前：219] 場合であり，大まかなコードを暫定的に想定することを意味する。

以上のように，「過剰コード化」は，既有のコードをさらに細分化（緻密化）する方向での自己のコードの組み替えであり，「過小コード」は，既有のコードの無力化から，新たなコード形成の方向での自己のコードの創出である，ということができる。

これら2つの「余剰コード化」のうち，例示した「総督」の場合は，「過剰コード化」に相当する。すなわち，総督の例でパースは，誰かの頭上にある「天蓋」が≪名誉≫を意味しているばかりでなく，「総督」という記号も≪名誉≫という意味をもっていることをすでに知っていた。つまり，「天蓋」と「総督」について既有のコードを持っていた。そして，既有のコードに基づいて仮説的推論の操作を行うことによって彼は，まだ対応関係のついていなかった「天蓋」と「総督」の間を結びつけ，新しい対応関係を作り出し，コードを複雑にしたのである。この場合の新しい対応関係が，『『天蓋－名誉』と『総督－名誉』との2つの対応関係における共通の項である『名誉』を軸にして作られ」[池田

久美子，1981：26]ていることからもわかるように，仮説的推論とは，「共通の性質を軸とする転換」[同前]であるということができる。

さらに，仮説的推論において軸となりやすいのは，ある記号の，安定した慣習的な意味（外示的意味[デノテーション]）よりもむしろ周縁に位置する意味（共示的意味[コノテーション]）であり，特に思いがけない発想は，この周縁部分において作られる。私たちは過剰コード化によって，以前所有していたある事柄に関する低いレベルの知識（概念）を，高いレベルの知識（概念）へと組み替えていくのである。それは同時に，子どもにとって自己の信念の再編を伴うできごととなる。端的にいうと，コード増殖としての学習とは，自己が変わることにほかならない。

ところで，仮説的推論は，単なる思考方法にとどまるものではなく，「世界の徴候学的解読」を志向する「推論的範型」の系譜に位置づけられる（これは，因果律の推察および臨在感と臨在的把握に関係する）。ところが，仮説的推論が取り上げられる場合，それが有する思想的，精神的背景は切断され，専ら定式化された思考パターンとして位置づけられる傾向が強い[立川明，1994]。こうした態度は，「和魂洋才」，すなわち物質的なもの（技術）と精神的なもの（思想）を分離し，前者だけをプラグマティックな形で受容する精神の型にほかならない。そうした轍を踏まないためにも，ここでは，仮説的推論の思想的，精神的背景や成り立ちにまで言及していくことにしたい。

ところで，人間の思考は，意識的に働く運転システムと，そのシステムとの緊密な対応の下で意識されることなしに働くシステムとで構成されていると見なすことができる。つまり，意識的に働く運転システムは，形式論理や厳密な演繹的推論を通して世界（自然，社会，人間）を固定的な記号の集積体として記述する。そこでは，言語で意識化され言語化され得る記号，すなわち「デジタルな存在であり，反復可能なもの」[鈴木瑞実，1990：18]だけが厳密な論

理形式に即して使用される。

これに対して，意識されることなしに稼働する実行システム（スキーマ）は，形式論理などの反省的な認識態度を飛び越して，世界を生きられるもの，もしくは創造的なものとして記述する。こうした記述仕方は，中井久夫の表現に倣えば，例えば次のようになる。

「世界は記号によって織りなされているばかりではない。世界は私にとって徴候の明滅するところでもある。それはいまだないものを予告している世界であるが，いわば眼前に明白に存在するものはほとんど問題にならない世界である。これをプレ世界というならば，ここにおいては，もっともとおく，もっともかすかなもの，存在の地平線に明滅しているものほど，重大な価値と意味とを有するものでないだろうか。」［中井久夫，1990a：2］。つまり，生きられる実行システムからみると，「世界とは記号の集合だけではなく徴候の集合でもある。」［鈴木瑞実，1990：17］。

こうして，世界そのものは，デジタルで反復可能な——無時間的な——固定的な記号の集積体であると同時に，「徴候－予感」の明滅・交錯するところである，と記述することができる。ただ，近代知の枠組みでは，前者の「記号」的側面だけが強調され，後者の「徴候」的側面は無視され排除されてきた。

しかしながら，記号によって世界が過不足なく記述し尽くされ，現前意識の辺縁（「外」）にはもはや何も実在しないと見なすことは早計である。「私の意識する対象世界の辺縁には，さまざまの徴候が明滅していて，それは私の知らないそれぞれの世界を開くかのようである。」［中井久夫，1990b：76］。

平たくいうと，世界開示（の仕方）は，たとえば美しい景色を眺めながら，山道を歩いていた人が道に迷ったと直観した刹那に，その人自身の視界から一切の景色が消え失せ，眼前には踏みわけ跡らしきものだけが些細な「徴候」として立ち現われてくる，と記述される。そして，道に迷った人は，目の前にあ

るもの（踏みわけ跡）から目の前にないもの（山道）を予測・予知する。こうした予測・予知活動——広義の「推論」活動——を行うために，その人は「踏みわけ跡」を「徴候」——意味を帯びた表意体——として認知し，それを手がかりにして推論活動を行っていくことになる。

ところで，記号論の立場からみると，「徴候」とは，図4の(2)のように示される［高辻正基, 1985：98-139］。

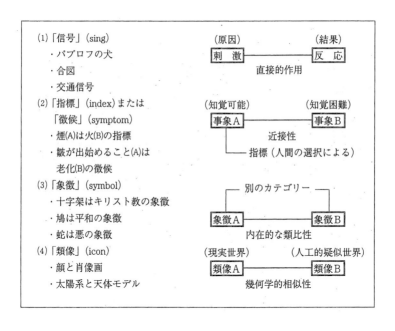

図4 記号の種類と機能

図4のように，「徴候」とは，近接関係にある2つの異なる事象の内，一方の知覚可能な事象（記号表現）を手がかりにして，他方の知覚困難な事象（記号内容）を解読（解釈）していくタイプの記号である（記号の種類には，「徴

候」以外に，(1)狭義の「記号」，(3)「象徴」，(4)「類像」があり，その機能は各々異なる)。この場合，記号を解読する者が記号内容を把握するために，選択した記号表現が「徴候」なのである。たとえば，人間にとって老化という事象を直接，認知することは困難であるが，老化現象と近接関係にある，皺や足腰の弱りや爪の縦筋などを「指標」，もしくは「徴候」とすることで，老化について蓋然的に語ることができる。皺が多くなったり，足腰が弱くなったり，爪に縦筋が増えたりすること［＝記号表現］は，老化の「指標＝徴候」［＝記号内容］なのである。

ここで，前述した「あの山に入ってはいけない（あの山に入ると命の危険に晒される）」という言い伝えを仮説的推論の立場から分析すると，次のように記述することができる。

① (この地方では) 病気になったり命の危険に晒されたりすることがある。
　　(驚くべき事実Cが発見される。C)
②あの山に入ったならば，病気になったり命の危険に晒されたりする。
　　(AならばCである。A ⟶ C)
③ゆえに，あの山には得体の知れない何か（魔物）が棲んでいるにちがいない。(ゆえに，Aである。∴A)

この場合，この地方で起こる病気や命の危険は，あの山に入ることで起こることから，徴候の記号論からすると，「あの山(A)」は「災い(B)」の「徴候＝指標」であることになる。確かに，一昔前の言い伝えや格言は，科学からすると単なる迷信でしかないにもかかわらず，実は仮説的推論，およびその思考の系譜（ルーツ）である「推論的範型」から見ると，まったく妥当な思考様式，すなわち素朴理論であることがわかる。前述したように，こうした事例は，「タ

タリ」という非合理的な言葉や思考で片づけられることが少なくないが，それは，見かけの上でのきな臭さとは裏腹に，地域の人たちにとっては有用なローカルな知識となるのである。

　以上，記号とそれが織り成す固定的，静的な世界記述と，徴候とそれが織り成す流動的，動的な世界記述とを対比させてきたが，実は，後者は，精神史的には「推論的範型」［Ginzburg, 1986=1988：177-226］の系譜に位置づけられる。それは，古代ギリシャの「メーティス」に始まり，19 世紀西欧で J.モレッリによって体系化されたものである。ただそれは，近代科学（近代知）によって曖昧なもの，不確実なものとみなされ，排除されてきたが，現在，記号論（記号学）の立場から再評価されつつある。

　繰り返すと，私たちは，さまざまな認識を形成する上で，仮説的推論（アブダクション）という記号生産を介して暗黙裡に豊かなコード増殖やコードの組み替え——自己変容——を行っているが，その記号論的な営みこそ推論的範型そのものなのである。それでは，仮説的推論や余剰コード化に代表される推論的範型とはどのようなものであろうか。次に，みていくことにしたい。

　推論的範型を精神史的に辿っていくと，その原型は古代ギリシャに求められる。M.デティエンヌと J=P.ヴェルナンによると［Detienne & Vernant, 1974=1986］，古代ギリシャでは「メーティス」と呼ばれる実践的知恵を使いこなす職業集団として，狩人，漁師，水先案内人，政治家，軍事戦略家，医者などが存在した。たとえば，狩人は，獣が残した足跡や木の枝に引っ掛かった獣の毛などの小さな事柄を手がかりにして獲物を追い，漁師は，微かな天候の変化や海流の変化を鋭敏に認知して，釣りの穴場を誰よりも早く推理する。彼ら職業集団のエキスパートたちは，経験的に見えないものを見る（認知する）予知能力を仕事上の問題解決に活用していたのだ。「微細なるものに目を向け，かすかな痕跡や細部に注意深くあること……その方法はたとえば狩猟民にとって，

死活にかかわる欠くべからざるものであったはずである。獣の消え去ろうとする足跡や微小なものの変化に対して、そこでは否応なく鋭敏でなければならなかっただろう。」［市村弘正，1994：30］。

このメーティス（古代的知恵），すなわち微かな痕跡や徴候（兆候，兆し）を感受する能力は，「微分回路」的認知様式［中井久夫，1982：9ff.］に対応する。「微分回路」とは，「見越し方式ともいわれ，変化の傾向を予測的に把握し，将来発生する動作に対して予防的対策を講じる」，いわば「先取り的回路」［同前：9］である。それは，狩猟民だけに限らず，「分裂病親和者」［同前］として全人類がその可能性を持っている。

これとまったく逆の認知様式は，過去全体を集積した上で，意味づけをする——それゆえ，過去の事柄に固執する——「積分回路」的認知様式［同前：9ff.］である。このように，メーティスという「知」は，人間科学の知見に照らし合わせても，決して無根拠なドクサではなく，正統な知の形態である。たとえば，従来，神秘的で非科学的なものと見なされてきた直観や勘もまた，メーティスの一種であり，「微分回路」的認知様式として合理的に説明される。

こうしたメーティスの中でも，医学の祖と称せられる古代ギリシャのヒポクラテスとその学派（経験派の医者）は，従来の祭儀的，迷信的な療法を排して観察と経験を重視し，人間（患者）の自然治癒力を援助していく新たな医学（医療）を目指した。「彼らは徴候（セメイオン）という概念を熟考し尽くすことで自らの方法を確立した。あらゆる徴候を綿密に観察し，たんねんに記録することで，個々の病気の正確な『歴史』を再構成することができる，と彼らは主張した。［何故ならば］病気それ自体は直接とらえられないからである。」
［Ginzburug，1986=1988：194］。

具体的にいうと，ヒポクラテスは，『流行病について』という著書の中で熱病を罹った患者を次のように診断している。「この病気は分利がなくて種々様

々徴候を示すばあいが多かったが，大多数に終始ともないつづけたところのもっとも重大かつ悪質な徴候は，あらゆる食物に対する食欲の喪失であった。この徴候は，これ以外の死の徴候をも示したところの患者にあっては，とくに顕著であった。」［ヒポクラテス，1963：122］。つまり，ヒポクラテスは，患者（の身体）に表れる幾つもの症状や症例（食欲の喪失，下痢，吐き気等々）を「徴候」として解読し，病的症状における徴候間の連想術の熟練を通じて病気の診断を行ったのである（実際，同書には「徴候」という言葉が数多く登場する）。

　このように，ヒポクラテスは「徴候学（的医学）」の祖と呼ばれ，近代的な徴候学の先駆をなしたと評価されている［脇坂豊・川島淳夫・高橋由美子，1992：134］。「ヒポクラテスにはじまる古代ギリシャの医学の徴候学では，今日の医療で一般に行われているように，個人の年令・特質・症状の頻発性・風土というような『コンテクスト』を考慮にいれて，人体の状態の変化を『結果』として示す知覚できる徴候の観察から，経験を『規則』として『事例』としての現時点の診断を行ない，更に，現時点の診断を『結果』とみなしてそこに同様のコンテクストと『規則』を適用することから，予後の診断や既往症の診断を行なったとみることができる。」［有馬道子，1986：226ff.］。

　繰り返すまでもなく，コンテクストを参照しながら，「結果」と「規則」から「事例」を推論していく探究の方法こそ，パースが定式化した仮説的推論（アブダクション）にほかならない。いいかえると，パースは，古代の偉大なメーティスやヒポクラテスの徴候学（的医学）の中に明示化されないまま，すでに使用されていた仮説的推論を意識の下に把捉し直したのである。したがって，仮説的推論は，パースによって創造されたのではなく，発見されたと考えられる。

このように，古代ギリシャではすでに，ヒポクラテスの徴候学を典型として，さまざまな職業集団のエキスパートに固有の推論的認知の様式が存在していた。すなわち，この時代には目に見えないものを見えるものを手がかりにして推測（予測）し，予知していくといった推量的認知が人間の能力のひとつとして認められていたのである。
　この推量的認知は，次のように定式化される［星野克美，1991：51］。

第1に，状況を観察し，状況を把握する。特に，変化の「徴候」を認知する。
第2に，こうして認知された状況変化，特に「徴候」を既知の事実と比較する。
第3に，「徴候」を既知の事実と比較することによって未知の事実を推量する。そのことによって，未知の事実を事前に予知する。

　この定式化からわかるように，推量的認知（予知）をうまく働かせるためには，まず第1に，日常，何気なく見過ごされてしまう状況を鋭く観察し，そこに表れた微妙な状況変化を徴候として記号論的に把握することが必要になる（現状把握）。そして，第2に，認知された状況変化としての徴候がどのような事態を表すものであるのかを知るために，過去の経験に照合してみることが必要になる。ただ，推論する者が現在の状況変化と既知の事実とを照合し，比較していくためには，経験を相当積み上げていること——つまり，ある固有領域に関してエキスパートであること——が必要条件となる。見方を換えれば，過去の経験を豊富に持つエキスパートだけが，素人や初心者が気づくことのない小さな変化や部分，すなわち微かな徴候を手がかりにして推論的予知を行うことができるのである。そして，過去の経験とコンテクストに基づきながら，第3に徴候が既知の事実と比較され，徴候が経験の連鎖の中で解読されること

によって未知の事実を推量することが可能になる。それはまた，自ずと未知の事実の予知をはらんでいる。

　ところで，古代ギリシャのメーティス（経験的知恵）は，19世紀になってようやく「徴候学（symptomatology）」という科学的パラダイムへと再編されることになった。その典型がJ.モレッリの美術鑑定，シャーロック・ホームズの犯罪学，S.フロイトの精神分析学である。なかでも，イタリアの民俗学者，K.ギンズブルグによって再評価されたモレッリの方法は，近代的な徴候学を理解する上で不可欠なものである。それは，絵画の作者鑑定法に関するユニークな手法のことであるが，この方法によってヨーロッパの多くの美術館の真作・贋作がことごとく鑑定され，当時，大変な反響を呼び起こした。普通，真作と複製・贋作とを見分ける作業は，絵画の最も人目を引く特徴，例えばペルジーナが描いた人物たちの天を仰ぐ視線やレオナルドの人物たちの微笑みなど，最も模倣しやすい特徴に注目する。しかし，モレッリは，こうした主要な部分ではなく，むしろ「画家が属していた流派の特徴に最も影響を受けていない，最も見すごしやすい細部を検討する」[Ginzburg, 1986=1988：179] のである。それは「神は細部に宿れり」（A.ヴァールブルク）と言葉でいい尽くされる。ここで，「細部」とは，例えば「耳たぶ，爪，手足の指の形など」[同前] である。こうしてモレッリはボッティチェッリやコズメ・トゥーラなどの，オリジナルにはあって複製にはない耳の形を発見し，詳細な目録を作り上げた。」[同前]。モレッリの方法でいう最も見過ごしやすい「細部」とは，まさしく「徴候」にほかならない。モレッリは，絵画作品の最も中心的な部分に注目せず，周辺部分の細部に注目し，それを鑑定の鍵とする。「作品全体よりも細部を鑑賞［鑑定］するよういざなう態度」[同前] こそ，モレッリの方法なのである。

　そして，こうしたモレッリの方法は，同じ犯罪の現場にいながら些細な証拠を見逃してしまうワトソン博士に対して，彼が感知できないような証拠——「泥

の上の足跡や煙草の灰など」［同前：180］──を鋭くかぎつけ，それを手がかりに犯罪の下手人を発見するシャーロック・ホームズ（その生みの親，コナン・ドイル）の方法にも通底する。ドイルによって一般化されたホームズの推理の方法は，今日の犯罪科学の原理とも軌を一にしている。

　さらに，モレッリの方法は，精神分析を創始したフロイトにも深く影響を与えたといわれている。フロイトは，1914年に「ミケランジェロのモーゼ像」という論文の中で，モレッリという美術鑑定家の手法が医学的な精神分析の技術に極めて近いということを指摘している［同前：184］。実は，精神分析もまた，普通ほとんど重要視されていないような特徴，もしくはあまり注意されていないような特徴，すなわち観察の残り滓から，隠された秘密，隠されたものを判じ当てるといった方法をとっている（モレッリはまた，医者でもあった）。注目すべきことは，「モレッリの評論との出会いが，……フロイトが『精神分析を確立する以前に』起きている」［同前］ということである。

　こうして，モレッリ，ホームズ（ドイル），フロイトの三者に共通しているのは，ヒポクラテスを祖とする「徴候学的医学」である。そして，徴候学とは，「徴候」を探り出し，それを手がかりに隠された病理を究明するという意味で，見えないものを見る，あるいは見えない未来を予知する科学のひとつでもある。「狩人から精神分析医にいたるまで，不透明な現実を解読するための大切な手がかりは，いつでも『兆候や兆し』なのであった。」［市村弘正，1994：30］。

　さらに現在では，徴候学の第三世代である，パース，エーコ，T.A.シービオク等，記号論者によって一層進展されつつある。盗まれたコートと時計を自らの推測能力（アブダクション）を活用して取り戻した名探偵としてのパースと，それを主題化したシービオク夫妻［Sebeok ＆ Sebeok, 1980=1981：2-17／Sebeok,Th.A., 1991=1991］，ヴォルテールのテクスト『ザディグ』に登場する夥しい「痕跡＝徴候」を記号論的に分析したエーコ［Eco, 1983=1990：

304-323]——彼はまた、徴候の解読を主題とした推理小説『薔薇の名前』［Eco,1980=1990］の作者でもある——など、現在、推論的範型は、さまざまな領域で展開されつつある。そこには、推論的範型のもとにある領域には、消費文化のトレンドを一刻も早急に予知するために「有徴記号＝徴候」の解読を志向するマーケティングの世界も含まれている。

　繰り返し強調すると、今日、推論的範型が最も影響を及ぼすのは、仮説的推論や余剰コード化といった、記号生産を介した推論過程である。ただ、仮説的推論は、単なる思考技術として近視眼的に捉えられるのではなく、それが推論的範型という精神史的な系譜に位置づけられること、しかもそれは、近代知（近代科学）が排除してきたもうひとつの正統な知の形態——「微分回路」的認知様式——であることを再認識する必要がある。

　結語の最後で強調した、里の人たちが自然とかかわり合う中で制作した、"もうひとつの"因果律、すなわち因果律の推察とは、実は、徴候の記号論とか「微分回路」的認知様式と呼ばれる推論的範型に位置づけられる仮説的推論（アブダクション）であり、"もうひとつの"正統な知の形態なのである（私見では、仮説的推論は素朴理論の一つの思考様式であると考えている）。

註 釈

(1) 素朴理論・素朴心理学

　一般的に，私たちは，さまざまな事柄を繰り返し経験し，知識や技術を学習することによって意識的，無意識的にものの見方や考え方を形成する。そして，こうした学習経験を統合することを通して私たちは，「その人なり」の「信念」，すなわち素朴な理論を暗黙裡に形成するのである。しかも，こうした素朴な理論の形成は，自然現象，社会事象，人間行動，知能・知識観，発達観など広範囲にわたる。なかでも，人間行動に関する素朴理論は，「素朴心理学（folk psychology）」——他に「民間心理学」，「通俗心理学」と訳される——と呼ばれ，心の科学を志向する認知科学や人工知能研究の領域で注目されている。P.M. チャーチランドによると，素朴心理学とは，「人間の行動を説明したり，予測したりするために使われる概念，一般化，経験則の大雑把な集合」[Churchland, 1986：299] を意味する。

　たとえば，ボヘミヤ事件のなかのホームズは，重要な写真の隠し場所を知るために，火事を装って見事に犯人の行動を予測した。確かに，ホームズの機知は天才的なものであることに相違はないが，ただ状況を正確に知ることができれば，この種の予測は誰にでもたやすく行うことができるものである。この場合，私たちは，行動主義心理学や神経生理学などの特別な科学的知見を用いて予測するのではなく，私たち人間が普通持っている知識や欲求，たとえばその写真を保存したいという犯人の要求，煙のある所は普通，出火場所であるという常識，火事は写真を焼失させると信じられることなどによって犯人の行動を予測し，誘導するのである。こうした他人の信念や知識，欲求を推し量る能力，あるいはそれらを結び付けている無意識の理論を，学問（科学）としての心理学に対して，素朴心理学と呼ぶのである [Stich, 1983]。

このように，素朴理論のひとつである素朴心理学とは，人間行動や心についてまったく素人である私たちが，他の人々の心的状態——欲求や信念など——を推し量りながら，その時々の自分や他人の振る舞いを理解したり説明したりする際に準拠する，心についての実践的知識の集積（常識）とほぼ同じであるといえる。私たちが他の人々と協調しながら，日常生活を円滑に営むことができるのも，心についてのこうした素朴理論（常識）を共有しているためであると考えられる。つまり，「常識としての素朴心理学は，毎日の生活の中での，私たち一人ひとりの，"心の動きのかじ取り"を適切に行う道具なのである。」［丸野俊一，1994：10］。

　さらに重要なことは，科学としての心理学が著しく発達した現在においても，依然として子どもも含め，私たちが素朴心理学の有する概念，一般化，経験則を使用して日常生活を営んでいるということである。たとえ，人間の行動や心理についてのエキスパート——たとえば，心理学者——といえども，ごく普通に日常生活を営んでいるときは，この素朴理論に依拠しているものと思われる。見方を換えると，科学者であれ，素人であれ，日常生活を営む上で「その人なり」に「心理学者」または「科学者」にほかならない。素朴心理学を含む素朴理論（広義）には，児童生徒が有する独自の素朴生物学，素朴物理学等々があり，今日の学校教育（特に，理科教育や科学教育）の現場で積極的に活用されている。

　このように，因果律は，日常的な思考である素朴理論としては有用である。

（2）「原因」と「理由」

　私たちが普段，使用している言葉，「原因」と「理由」がどのように違うのか，すなわちどのように使い，そしてどのように使い分けているかについて検討していきたい。

ところで一般に——辞書的な意味では——，原因とは，ある物事・状態・変化を引き起こす元になることである。これに対して，理由とは，物事がそうなった根拠，または物事をそのように判断した根拠である。
　原因と理由の共通点は，原因も理由も，結果に対する「どうしてか」，「なぜか」への応答にある。いわゆる結果に対する説明的再構成・再現である。一方，両者の違いは，原因が，何かマイナスの印象を与えることが起こった場合（よくないことが起こった場合）に使われるのに対して，理由は，そうした良くない場合には使用されないことにある。「テストに失敗した原因」という言い回しはあっても，「テストに成功した原因」という言い回しはない。
　このように見ると，私たちは原因を何かマイナスの印象を与える場面でのみ使用し，理由を良いこと，悪いことの区別を超えてあらゆる場面で使用していることがわかる。理由の方が原因よりも使用する範囲が広いというわけである。ただ，原因は良くない事態が生じた場合に使用することもあって，原因の方がそうとは限らない理由よりもはるかにインパクトが強い。たとえば「受験に成功した理由」よりも「受験に失敗した原因」の方が衝撃的なのだ。
　なお，原因と類似した概念に「要因」がある。普通，要因は，主な原因を意味する。ただ私たちは，日常的に要因を使用することは稀である。つまり要因は，多くの原因があってその中の主な原因とは何かというように，分析した結果初めて析出されてくる概念である。要因は，原因と比べて，科学的な分析などの過程を経たものであり，報告やレポートなど堅苦しい場面でのみ使用されることが多い。特に，「会社の売上下落の要因」というように，ビジネス界でのマーケッティング分析によるレポートや報告で頻繁に使用される。ただし，要因は原因とは異なり，良くない印象を与える場合でも使用される。
　このように，私たちは原因と理由，さらには原因と類似した要因を文脈によって適宜使い分けていることがわかる。私たちにとって最も衝撃的な概念は，

良くない事態やマイナスの印象を与えるときにのみ使用する原因である。これに対して，主な原因としての要因と，理由は，良いこと，悪いことの区別を超えたあらゆる場面において使用される。それだけ，この2つの概念は，原因と比べて印象が薄い。要因はさておき，日常頻繁に用いられる原因と理由は明らかに異なるのである。繰り返し強調すると，印象やインパクトの強さからすると，「原因＞理由」となる。ただ，使用可能な範囲からすると，それとは反対に，「原因＜理由」となる。

文 献

安藤　礼二　2018　「井筒俊彦の隠された起源」, Izutsu,T　2011　**Language and Magic Studies in the Magical Function of Speech**. Keio University Press.（井筒俊彦, 小野純一訳『言語と呪術』英文著作翻訳コレクション, 慶應義塾大学出版会, 2018年所収, 225-252 頁。）

有馬　道子　1986　『記号の呪縛——テクストの解釈と分裂病——』勁草書房。

Assoun,P-L.　1994　**Le Fétichisme**, Presses Universitaires de France.（P-L.アスン, 西尾彰泰・守谷てるみ訳『フェティシズム』白水社, 2008 年。）

Barthes.R.　1957　**Mythologies**.（R.バルト, 篠沢秀夫訳『神話作用』現代思潮社, 1967年。）

Churchland,P.S.　1986　**Neurophilosophy : Toward a Unified Science of the Mind Brain**, MIT Pr.

Detienne, M.,Vernant, J-P.　1974　**Les Ruses de Linte- ligence: La Metis des Grecs**, Flammarion.（M.デティエンヌ, J=P.ヴェルナン, 桜井直文訳「しなやかな知恵——ギリシア人のメーティス——」,『現代思想』第 14 巻第 9 号, 1986 年。）

Eco,U.　1978　**A Theory of Semiotics**, Indiana University Press.（U.エーコ, 池上嘉彦訳『記号論』岩波書店, 1980 年。）

Eco,U.　1980　**Il Nome Della Rosa**, Fabbri-Bompiani.（U.エーコ, 河島英昭訳『薔薇の名前』上・下, 東京創元社, 1990 年。）

Eco,U.　1983　Horns,Hooves,Insteps : Some Hypotheses on Three Types of Abduction (eds.) Eco,U.& Sebeok,Th.A.,**The Sign of Three : Dupin,Holmes**, Peirce, Indiana　Univ.Pr.（U.エーコ「角, 蹄, 甲——アブダクションの三つの型についての仮説——」, エーコ・シービオク, 小池滋監訳／富山太佳夫他訳『三人の記号——デュパン, ホームズ, パース——』東京図書, 1990 年, 290-323 頁。）

福澤　諭吉　2011　『現代語訳　福翁自伝』（斉藤孝編訳），筑摩書房。

Gabriel,M.　2013　Warum es die Welt Nicht Gibt, Ullstein.（M.ガブリエル，清水一浩訳『なぜ世界は存在しないのか？』講談社，2018年。）

Ginzburg,C.　1986　Miti Emblemi Spie：Morfologia e Storia.（C.ギンズブルク，竹山博英訳『神話・寓意・徴候』せりか書房，1988年。）

東谷　暁　2017　『山本七平の思想――日本教と天皇制の70年――』講談社。

Harrison,J.E.　1919　Ancient Art and Ritual, Home University Library.（J.E.ハリソン『古代芸術と祭式』筑摩書房，1997年。）

ヒポクラテス　1963　『古い医術について』小川正恭訳，岩波書店。

星野　克美　1991　『流行予知科学――未来を推測する認知科学マーケティングとは――』PHP研究所。

市村　弘正　1994　『小さなものの諸形態――精神史覚え書――』筑摩書房。

池田久美子　1991　「『はいまわる経験主義』の再評価」，日本教育哲学会編『教育哲学』第44号，18-33頁。

井沢　元彦　1991　『言霊――なぜ日本に，本当の自由がないのか――』祥伝社。

井沢　元彦　2012　『なぜ日本人は，最悪の事態を想定できないのか――新・言霊論――』祥伝社。

Izutsu,T.　2011　Language and Magic Studies in the Magical Function of Speech. Keio University Press.（井筒俊彦，小野純一訳『言語と呪術』英文著作翻訳コレクション，慶應義塾大学出版会，2018年。）

石塚　正英　1991　『フェティシズムの思想圏』世界書院。

石塚　正英　1993　『フェティシズムの信仰圏――神仏虐待のフォークロア――』世界書院。

石塚　正英　1995　『信仰・儀礼・神仏虐待』世界書院。

石塚　正英　2000　『歴史知とフェティシズム――信仰・歴史・民俗――』理想社。

石塚　正英　2002　『脚・フェティシズム』廣済堂出版。

石塚　正英　2014　『フェティシズム──通奏低音』石塚正英著作集選【社会思想史の窓】第１巻，社会評論社。

小林　照幸　2016　『死の虫──ツツガムシ病との闘い──』中央公論新社。

Latour,B.　2009　Sur le Culte Moderne des Dieux Faitiches Suivi de Iconoclash, La Découverte.（B.ラトゥール，荒金直人訳『近代の〈物神事実〉崇拝について──ならびに「聖像衝突」──』以文社，2017 年。）

丸野　俊一　1994　「心理学の世界を探る」，丸野俊一・針塚進・宮崎清孝・坂元章編『心理学の世界』ベーシック現代心理学１，有斐閣，1-27 頁。

中井　久夫　1982　『分裂病と人類』東京大学出版会。

中井　久夫　1990a　「世界における索引と徴候」，『へるめす』第 26 号，岩波書店。

中井　久夫　1990b　「世界における索引と徴候（続）」，『へるめす』第 27 号，岩波書店。

中井　孝章　2017a　『驚きの因果律あるいは心理療法のディストラクション』大阪公立大学共同出版会。

中井　孝章　2017b　『心の理由律と当事者の心理療法』日本教育研究センター。

中井　孝章　2019　『認知行動療法からの転回──素朴心理療法の構築──』日本教育研究センター。

中村雄二郎　1984　『術語集』岩波書店。

小倉　紀藏　2019　『京都思想逍遙』筑摩書房。

大澤　真幸　2018　「山本七平『「空気」の研究』──「忖度」の温床──」，堤　未果，他『別冊 NHK100 分 de 名著 メディアと私たち』NHK 出版，89-126 頁。

Peirce,C.S.　1986　C.S.パース，内田種臣編訳『記号学』パース著作集２，勁草書房。

Sebeok,Th.A.& Umiker-Sebeok,J.　1980　YOU KNOW MY METHOD,A Juxtaposition of Charles S. Peirce and Scherlock Holmes, Gaslight Pub.（Th.A.シービオク，U.シービオク，富山太佳夫訳『シャーロック・ホームズの記号論』岩波書店，1981

年。)

Sebeok,Th.A. 1991 Indexicality.（Th.A.シービオク，山中桂一訳「指標性」日本記号学会編『かたちとイメージの記号論』記号学研究 11，東海大学出版会，277-299 頁。)

島薗　進　2017　『宗教ってなんだろう？』平凡社。

Stich,S. 1983 From Folk Psychology to Cognitive Science: The Case Against Belief, Cambridge MIT.

鈴木　博毅　2018　『「超」入門 空気の研究――日本人の思考と行動を支配する 27 の見えない圧力――』ダイヤモンド社。

鈴木　瑞実　1990　「『記号－索引－徴候』の主題による変奏」，『へるめす』第 26 号，岩波書店。

髙辻　正基　1985　『記号とはなにか――高度情報化社会を生きるために――』講談社。

立川　明　1994　「アブダクションと授業――藤岡信勝氏の『社会認識教育の方法』の批判的検討――」，森田尚人，他編『教育のなかの政治』教育学年報 3, 世織書房，333-354 頁。

山本　七平　2018　『「空気」の研究』文藝春秋。＊初版は 1977 年

米盛　祐二　1981　『パースの記号学』勁草書房。

脇坂豊・川島淳夫・高橋由美子　1992　『記号学小辞典』同学社。

※以下，本書を執筆するにあたってベースとした拙著で用いた参考文献

Brosses,C. 1972 Du Culte des Dieux Fétiches, ou Parallèle de L'ancienne Religion de L'Egypte avec la Religion Actuelle de Nigritie.（C.ド・ブロス，杉本隆司訳『フェティシュ諸神の崇拝』法政大学出版局 , 2008 年。)

Durkheim,E. 1912 Les Formes Élémentaires de la vie Religieuse：Le Système Totèmique en Australie.（E.デュルケム，古野清人訳『宗教生活の原初形態』[上

・下］岩波書店，1975 年。）

Frazer,J.G. 1936 The Golden Bough：A Study in Magic and Religion.（J.G.フレイザー，神成利男訳『金枝篇──呪術と宗教の研究──』国書刊行会，2004 年。）

Hume,D. 1874-5 『人性論』（D.ヒューム，土岐邦夫，他訳）中央公論社，2010 年。

Marett,R.R. 1927 **Man in the Making：An Introduction to Anthropology.**（R.R.マレット，永橋卓介訳『原始文化──人類学序説──』生活社，1941 年。）

Ramnero,J, Torneke,N. 2008 **The ABCs of Human Behavior：Behavioral Principles for the Practicing, Clinician**, New Harbinger Publications.（J.ランメロ，N.トールネケ，武藤崇・米山直樹訳『臨床行動分析の ABC』日本評論社，2009 年。）

杉山　尚子　2005　『行動分析学入門──ヒトの行動の思いがけない理由──』集英社。

高山　守　2010　『因果論の超克──自由の成立にむけて──』東京大学出版会。

高山　守　2013　『自由論の構築──自分が自身を生きるために──』東京大学出版会。

高山　守　2016　「手話言語における哲学表現の可能性について」，科学研究費助成事業・研究成果報告書（挑戦的萌芽研究 2014 ～ 2015）。

高山　守　2017　「手話で因果論を解体する」，田中さをり『哲学者に会いにゆこう 2』ナカニシヤ出版，89-109 頁。

Tylor,E.B. **Primitive Culture.**（E.B.タイラー，比屋根安定訳『原始文化──神話・哲学・宗教・言語・芸能・風習に関する研究──』誠信書房，1962 年。）

　※新訳として，松村一男監修『原始文化 上（宗教学名著選）』（図書刊行会，2019 年）がある。

内海　健　2009　「デイヴィッド・ヒュームの憂鬱──因果の制作──」，木村敏・坂部恵『〈かたり〉と〈作り〉──臨床哲学の諸相──』河合文化教育研究書，253-287 頁。

あとがき

　筆者はさまざまな因果律を探究する中で，従来の因果律のタイプに収まりきらない"もうひとつの"因果律があることに気づいた。筆者としては因果律について最初に取り上げた『驚きの因果律あるいは心理療法のディストラクション』の中でこうした因果律のことを，「呪術的因果律」と名付けたが，そのときは，これが"もうひとつの"因果律であるという確信を持つことはできなかった。その後，偶然，山本七平の『空気の研究』を読む（実は再読する）機会に恵まれて（しかも，鈴木博毅による良き解説書を入手するという僥倖もあって），この「呪術的因果律」らしきものが，山本のいう因果関係の推察や臨在感・臨在的把握という形で論じられていることを知った（以前，それを読んだときは，日本社会を見えない形で支配する空気を取り上げた秀作というくらいの印象しかなかった）。

　とりわけ，「臨在感」という言葉は，筆者のいう「呪術的因果律」との関係で強く印象に残った。私見によると，臨在感とは，ものが単に存在するという事実を示す言葉ではなく，むしろ強い情動をもってモノをモノ以上の存在，もっというと，得体の知れない何かと感じることである。つまり，その感覚は，目（視覚）や耳（聴覚）のように，モノを対象として明確に捉えること以上に，低次感覚と呼ばれる触覚や嗅覚を通してモノに直に触れることに等しい。私たちの触覚や嗅覚は，高次感覚としての視覚や聴覚と異なり，モノを対象化し得ないにもかかわらず，モノそのものをトータルに把捉してしまうのである（むしろ主体的に把捉するわけではない）。

　このように，臨在感という言葉は，私たちが日常，モノそのものと直にかかわっていることを端的に表すものである。ただ，すべてのモノがモノ以上の何かとして私たちに立ち現われてくるわけではない。こうした立ち現われには何

らかの文脈が不可欠である。山本は，モノがモノ以上の何かとして立ち現われる典型として，人骨，カドミウム金属棒，御神体（石）などを挙げているが，モノの中には私たちの情動，特に恐怖心や期待感などを喚起する特別なモノが存在するのである。これらは，特別（格別）な文脈，日本文化というコード（文脈）を持っている。

　筆者からみて，山本が挙げるモノ以上のモノの中で最も印象的なのは，人骨である。人骨の話題は，異国の発掘現場で一週間のあいだ，人骨を運ぶ作業をした二人の日本人が病気になったというものである。筆者は同じ日本人としてこの人たちの事態を直感的に理解することができる。

　確かに，キリスト教などの一神教では，人骨は単なる物質（モノとしてのモノ）にすぎない。しかも，一神教では，人骨に思いを抱いたり信仰の対象としたりすることは偶像崇拝として堅く禁じられている。インドのヒンズー教に至っては，人骨は自然のゴミであり，川に流すものでしかない。

　ところが，私たち日本人にとって人骨は，儒教の影響もあって，モノ以上の何か，すなわち尊い何ものかなのである。つまり，人骨は物神化（フェティシズム）の対象なのだ。私たち日本人は，普段から人骨に対して畏怖と隣り合わせの尊さ・崇高さの感情を抱いているからこそ，多くの人骨に直に触れることを契機に心身の状態を悪化させるのである。

　繰り返すと，私たち日本人が普段から人骨に特別な情動・感情を抱いているからこそ，人骨に直に触れることが契機となってそうした強度の情動・感情を喚起してしまうのだ。

　こうした情動（思い）は，人骨だけでなく，幽霊，お化け，妖怪など目には見えない，得体の知れない何かに対しても起こってくる。私たち日本人にとって，常に，これら得体の知れない何かが臨在しているのだ。臨在感は私たち人間の古い脳（大脳辺縁系）がもたらす感覚であるがゆえに，科学的な立場から

あとがき

　人骨に触れても何も起こらないとか，幽霊やお化けは現実には存在しないとどれだけ啓発を行っても，それらを否定することはできないのである。情動・感情を知性や理性によって手なずけることは不可能なのである。

　このように，筆者は"もうひとつの"因果律を探究する過程で臨在感をはじめ，私たちにとってモノがモノ以上の何か（得体の知れない何か）として立ち現われてくることを見出した。本論の中でも論述したように，こうした現象は恐らく，川に入ったら病気になるとか，山の奥に入ったら死ぬといった，一昔前の祟りに起源がある。実際，川や山の奥には，私たち人間に危害を加える目に見えない小さな生き物（たとえば，ツツガムシや山ダニ）や植物（ドクセリやトリカブト）が棲息していたのかも知れない。科学の進展にともない，こうした祟りの正体は解明されたが，一昔前の山村では得体の知れない何か（幽霊，悪霊，山の神など）が里の人たちに危害を加えていたと信じられていたはずである。したがって，筆者のいう「呪術的因果律」，山本のいう因果関係の推察は，一昔前の人たちのリスクマネジメントとして必要不可欠なものであったのだ。

　本書では，言霊についても言及したが，言霊は今日においても思いのほか，私たち日本人に対して影響を与えている。「良くないことを言葉にすると，本当に良くないことが起こる。だから何も手立てを講じない」というのは，リスクマネジメント欠如の最たるものである。そのこともまた，言葉の臨在感，すなわち言葉以上の言葉である言霊の問題点である。ただ，言葉はモノと異なり，それを口に出すことで初めてその言葉通りの事態が起こるのである。つまり，言葉は臨在するのだ。

　今後も，因果律研究のひとつとして，因果関係の推察，臨在感，臨在的把握，言霊といった一連の概念体系で説明される「呪術的因果律」について研究を進めていくことにしたいと考えている。

最後に，本書を新元号を知ることもなく，今年一月に他界した実母・中井ヒデ子に捧げる。

令和元年6月14日

中井　孝章

著者略歴

中井孝章（なかい たかあき）
1958年大阪府生まれ。現在，大阪市立大学大学院生活科学研究科教授。
学術博士。

主著：『学校知のメタフィジックス』三省堂
　　　『学校身体の管理技術』春風社

単著〈2010年〉以降：
『子どもの生活科学』日本地域社会研究所
『配慮（ケア）論』大阪公立大学共同出版会
『忘却の現象学』三学出版
『イメージスキーマ・アーキテクチャー』三学出版
『空間論的転回序説』大阪公立大学共同出版会
『無意識3.0』三学出版
『教育臨床学のシステム論的転回』大阪公立大学共同出版会
『〈心の言葉〉使用禁止！―アドラー心理学と行動分析学に学ぶ―』三学出版
『学校機械論―ハードウェアからの改革―』日本教育研究センター
『カウンセラーは動物実験の夢を見たか』大阪公立大学共同出版会
『賢治の読者は山猫を見たか』日本教育研究センター
『驚きの音風景』日本教育研究センター
『驚きの因果律あるいは心理療法のデイストラクション』大阪公立大学共同出版会
『防衛機制を解除して解離を語れ』大阪公立大学共同出版会
『速い思考／遅い思考―脳・心の二重過程理論―』日本教育研究センター
『反省するな，俯瞰せよ―メタ認知の形而上学―』日本教育研究センター
『脱感作系セラピー』日本教育研究センター
『離人症とファントム空間』日本教育研究センター
『頭足類身体原論』大阪公立大学共同出版会
『ケア論Ⅰ・Ⅱ』日本教育研究センター
『頭足類身体×新実在論』日本教育研究センター（近刊予定）
『頭足類身体の哲学・数学・文学』日本教育研究センター（近刊予定），等
共著：『ぬいぐるみ遊び研究の分水嶺』（堀本真以氏との共著）大阪公立大学共同出版会

因果律の推察と臨在感の呪縛
―― "もうひとつの" 因果律の正体

2019年 6月24日　初版発行
著　者　　　中 井 孝 章
発行者　　　岩 田 弘 之
発行所　　　株式会社　日本教育研究センター
〒540-0026　大阪市中央区内本町2-3-8-1010
　　　　　　TEL.06-6937-8000　FAX.06-6937-8004
　　　　　　http://www.nikkyoken.com/

★定価はカバーに表示してあります。乱丁・落丁本はお取り替えいたします。
ISBN978-4-89026-202-1 C3037　　　　　　　　　Printed in Japan